Für John Simon
in herzlicher Sympathie!

Weihnachten 1959

Hans Egon Holthusen

rowohlts monographien

HERAUSGEGEBEN
VON
KURT KUSENBERG

—

RAINER MARIA RILKE

IN
SELBSTZEUGNISSEN
UND
BILDDOKUMENTEN

—

DARGESTELLT
VON
HANS EGON
HOLTHUSEN

ROWOHLT

Den dokumentarischen und bibliographischen Anhang bearbeitete Paul Raabe
Umschlagentwurf von Werner Rebhuhn

BALTHASAR UND NANNI REINHART
IN DANKBARKEIT ZUGEEIGNET

Veröffentlicht im Dezember 1958
© 1958 Rowohlt Taschenbuch Verlag GmbH, Hamburg
Alle Rechte dieser Ausgabe, auch die des auszugsweisen Nachdrucks
und der photomechanischen Wiedergabe, vorbehalten
Gesetzt in der Linotype-Aldus-Buchschrift und der Palatino (D. Stempel AG)
Offsetdruck von Text und Bildern Hermann F. R. Stumme, Hamburg
Satz, Umschlagdruck und Bindearbeiten Clausen & Bosse, Leck
Printed in Germany

INHALT

Rilke wurde am 4. Dezember 1875 in Prag, als einziger Sohn aus einer nicht sehr glücklichen Ehe, geboren und sechs Tage vor Weihnachten auf die Namen René Karl Wilhelm Johann Josef Maria getauft. Der Vater, Josef Rilke, der 1838 als Sohn eines Verwalters im böhmischen Schwabitz zur Welt gekommen war, versah eine bescheidene Beamtenstelle bei der Turnau-Kralup-Prager Eisenbahngesellschaft. Sein Versuch, eine militärische Laufbahn einzuschlagen, war nach anfänglichen Erfolgen stecken geblieben. Hatte er noch 1859 im Range eines Offiziersanwärters am italienischen Feldzug teilgenommen und für kurze Zeit sogar den Posten eines Kommandanten des Kastells von Brescia ausgefüllt, so sah er sich doch schon bald darauf genötigt, wegen eines Halsleidens den Abschied zu nehmen und sich in einen farblosen Zivilberuf zurückzustehlen, der ihn niemals befriedigt, ihm niemals über das Gefühl, im Eigentlichen gescheitert zu sein, hat hinweghelfen können. Und auch das gelang ihm nur mit Hilfe eines erfolg- und einflußreichen Bruders, des Landesadvokaten und Landtagsabgeordneten Jaroslaw Rilke, der im Jahre 1872 mit Wappen, Wahlspruch und dem Titel Rilke Ritter von Rüliken in den erblichen Adelstand erhoben wurde.

Die Mutter, Sophie oder Phia Rilke, geboren 1851, eine schwierige und prätentiöse, aber nicht unbegabte Frau, stammte aus den gehobenen Ständen. Sie war die Tochter des Kaufmanns und Kaiserlichen Rats Carl Entz und seiner schönen und lebensvollen Gattin Caroline, die erst 1927, fast hundertjährig, gestorben ist. Rilkes Mutter war in einem stattlichen Barockpalais an der Prager Herrengasse aufgewachsen, und ihre 1873 geschlossene Ehe mit dem verhinderten Offizier, der freilich eine charmante und herzensbrecherische Periode gehabt haben muß, war und blieb eine Mesalliance. Ihre Phantasie war von gesellschaftlichen Wunschträumen beherrscht, die der Ehemann niemals zu erfüllen vermochte, sie schwärmte für den Adel und die große Welt und trug mit Vorliebe ein vornehmes Schwarz im Stile verwitweter Erzherzoginnen. Im Geschmack ihrer Zeit deutete sie sich ihr Schicksal als das einer Enttäuschten und Emanzipierten; ein Bändchen Aphorismen, das sie unter dem Titel *Ephemeriden* und der stolzen Jahreszahl 1900 drucken ließ, zeugt von ungestilltem Lebenshunger und einer Art schmachtender Skepsis. Ihre Ehe war schon nach kaum elf Jahren in die Brüche gegangen: seit 1884 wohnte sie, von ihrem Manne getrennt, meistens in Wien, um dem Hofe nahe zu sein. Sie hat Josef Rilke um ein Vierteljahrhundert und selbst ihren berühmten Sohn noch um fast fünf Jahre überlebt und ist erst 1931 gestorben.

Dieser Sohn hat freilich den verquälten Ehrgeiz der Mutter nachträglich auf seine Art mehr als befriedigen können, er hat auch die kühnsten ihrer im eigenen Leben unerfüllten Erwartungen durch seinen künstlerischen Aufstieg noch übertroffen. Seine Leistung und sein Ruhm können zwar mit gesellschaftlichen Maßstäben nicht gemessen werden, aber sie haben ihm, sozusagen nebenbei, auch all den sozialen Erfolg eingetragen, nach dem die Mutter vergeblich gehungert hatte. Viele Namen aus den vornehmsten Adelsgeschlechtern Europas finden sich unter den Adressaten seines Briefwechsels; auf Schlössern und in Familien ersten Ranges der bewunderte und umworbene Gast zu sein, war ihm selbstverständlich. Er kam und ging, wie es ihm beliebte, immer nur gesteuert von der unbedingten Subjektivität seiner inneren Bedürfnisse, er brauchte die große Welt, um sich vorübergehende Seßhaftigkeiten und gute Arbeitsbedingungen zu verschaffen, aber er reiste unweigerlich wieder ab, sobald er seine «Einsamkeit» bedroht glauben mußte. Er war der Günstling einer gesellschaftlichen Ordnung, die eine Lebensführung wie die seine, diese vollkommene (subjektive) Gesellschaftslosigkeit, eben erst jetzt und eben noch einmal ermöglichen konnte, ehe sie in den Erschütterungen des Zeitalters der Weltkriege zusammenbrach: einer Ordnung, die schon eine radikale Vereinsamung und Verlorenheit des Menschen in der Anonymität der Großstädte in sich schloß und *noch* das Luxurieren einer ästhetisch empfänglichen Oberschicht erlaubte: eine Welt aus Hotelzimmern und Adelsschlössern.

In Rilkes Verhältnis zur Aristokratie erscheint der naive Snobismus seiner Mutter einerseits bis ins Tickhafte gesteigert, andererseits aber auch vergeistigt und durch ein extremes Bedürfnis nach Unabhängigkeit überwunden. Wo er selbst seine soziale Situation erörtert, da stimmt er mit gewissen Lieblingsvorstellungen seiner Zeit, wie sie in der Literatur des fin de siècle, von Hofmannsthal bis Thomas Mann, allenthalben verbreitet sind, wesentlich überein: der Künstler als der verfeinerte und vereinzelte Spätling, in dem ein altes, vornehmes Geschlecht zu Ende geht, seine letzte sublime Blüte austreibt. In diesem Sinne hat er seine Herkunft stilisiert, hat er lange Zeit darauf bestanden, selbst

Portal des Hauses
Herrengasse 8

Rilkes Eltern, 1873

Abkömmling einer alten Adelsfamilie zu sein, die ihre Spuren nach Kärnten und bis ins 13. Jahrhundert zurückverfolgen könne. Ein Zweig der Sippe, so besagt diese künstlich genährte Überlieferung, sei dann gegen Ende des 15. Jahrhunderts nach Sachsen gekommen, und von dort seien dann viele ihrer Angehörigen nach Böhmen eingewandert. Obwohl die genealogischen Forschungen, die Jaroslaw Rilke einmal drei Jahre lang hatte betreiben lassen, keinerlei Zusammenhang zwischen seiner Familie und den Nobilitäten von Kärnten

9

und Sachsen hatten herstellen können, so wurde doch die schöne Illusion von Mutter Phia eigensinnig gehütet und in das Gedächtnis des Sohnes für immer eingepflanzt:

> *Des alten adligen Geschlechtes*
> *Feststehendes im Augenbogenbau —*

so heißt es in einem lyrischen *Selbstbildnis aus dem Jahre 1906*, das im ersten Teil der *Neuen Gedichte* enthalten ist. Eine etwa gleichzeitig, im Todesjahr Josef Rilkes, entstandene Versfolge will auch in die Gestalt des Vaters, in diesen eher kleinbürgerlich gearteten Versager in Beruf und Ehe, die schmeichelhaften Züge des Aristokraten hineinsehen. Nur daß es in diesem Falle noch die *vorletzte* Phase vor der künstlerischen Sublimierung ist, die gefeiert werden soll, nämlich die noch von sich überzeugte, aber schon müde und zart gewordene militärische Allüre.

Jugend-Bildnis meines Vaters

> *Im Auge Traum. Die Stirn wie in Berührung*
> *mit etwas Fernem. Um den Mund enorm*
> *viel Jugend, ungelächelte Verführung,*
> *und vor der vollen schmückenden Verschnürung*
> *der schlanken adeligen Uniform*
> *der Säbelkorb und beide Hände —, die*
> *abwarten, ruhig, zu nichts hingedrängt.*
> *Und nun fast nicht mehr sichtbar: als ob sie*
> *zuerst, die Fernes greifenden, verschwänden.*
> *Und alles andre mit sich selbst verhängt*
> *und ausgelöscht als ob wirs nicht verständen*
> *und tief aus seiner eignen Tiefe trüb —.*
>
> *Du schnell vergehendes Daguerrotyp*
> *in meinen langsamer vergehenden Händen.*

Es konnte aber auch vorkommen, daß Rilke selbst seine vornehme Abstammung in das Reich der Legende verwies. Sie war eine Erfindung seiner dichterischen Einbildungskraft, und insofern kann ihr eine höhere, symbolische Wahrheit zugeschrieben werden, die mit den geschichtlichen Tatsachen nicht übereinstimmen muß. Es war nicht Willkür und es hatte nichts mit törichter Hochstapelei zu tun, wenn der Dichter in den *Aufzeichnungen des Malte Laurids Brigge* (1910), einer Art imaginärer, spiegelschriftlicher und «gegen den Strom» zu lesender Selbstbiographie, den Schauplatz der Kindheit seines Helden in eine wunderlich sensible, bis zur Lebensunfähigkeit überfeinerte und verinnerlichte Adelswelt und in ein Dänemark voll nordischer Schwermut und spukhafter Wiedergängerei verlegte. Es hat mit seiner urpersönlichen Thematik zu tun: nur unter solchen atmosphärischen Bedingungen konnte er seine leitmotivischen Gedanken entwickeln.

Der Zweijährige

Über Rilkes Kindheit besitzen wir zahlreiche dichterische und briefliche Zeugnisse von seiner eigenen Hand. Kaum eines von ihnen ist schlicht «autobiographisch» zu verstehen. Fast jede erinnernde Aufzeichnung ist unwillkürlich stilisiert, durch Einbildungskraft schon verwandelt. «Kindheit» war ein Kardinalthema seines Denkens und Dichtens, und was immer er über die eigene Kindheit zu sagen hatte, war nicht bloß unmittelbare Erfahrung, sondern immer schon eine im Sinne seines Themas *ausgelegte* Erfahrung. Kindheit war für Rilke einerseits «Innigkeit», andererseits «Angst», beides in einer äußersten, alle spätere Erfahrbarkeit übertreffenden Intensität. Was «Innigkeit» bedeutet, wird z. B. in einem elegischen Fragment aus dem Jahre 1920 zur Sprache gebracht:

Laß dir, daß Kindheit war, diese namenlose
Treue der Himmlischen, nicht widerrufen vom Schicksal,
selbst den Gefangenen noch, der finster im Kerker verdirbt,
hat sie heimlich versorgt bis ans Ende. Denn zeitlos
hält sie das Herz. Selbst den Kranken,
wenn er starrt und versteht, und schon gibt ihm das Zimmer nicht mehr
Antwort, weil es ein heilbares ist —, heilbar
liegen seine Dinge um ihn, die fiebernden, mit-krank,
aber noch heilbar, um den Verlorenen: i h m selbst
fruchtet die Kindheit. Reinlich
in der verfallnen Natur hält sie ihr herzliches Beet.

«Innigkeit» ist das uranfängliche Einssein des Kindes mit dem, was der Dichter «Natur» nennt, mit den tragenden, wachsenden, schenkenden Kräften des Seins, ist die innerste Dichtigkeit menschlichen Fühlvermögens, das mit der unausfühlbaren Fülle der Natur substanzgleich ist und als etwas gnadenhaft «Himmlisches» erlebt wird. Aber Innigkeit ist nur die andere Seite der Angst, und die Geschütztheit des Kindes kann nur ermessen werden durch seine nicht weniger tiefe Schutzlosigkeit:

Nicht, daß sie harmlos sei. Der behübschende Irrtum,
der sie verschürzt und berüscht, hat nur vergänglich ge-
*   täuscht.*
Nicht ist sie sicherer als wir und niemals geschonter;
keiner der Göttlichen wiegt ihr Gewicht auf. Schutzlos
ist sie wie wir, wie Tiere im Winter, schutzlos.
Schutzloser: denn sie erkennt die Verstecke nicht. Schutzlos,
so als wäre sie selber das Drohende. Schutzlos
wie ein Brand, wie ein Ries', wie ein Gift, wie was umgeht
nachts, im verdächtigen Haus, bei verriegelter Tür.

Denn wer begriffe nicht, daß die Hände der Hütung
lügen, die schützenden —, selber gefährdet. Wer d a r f denn?

Auf die hier gestellte Frage wird folgende Antwort gegeben:

Ich!
*   — Welches Ich?*
*   Ich, Mutter, ich d a r f. Ich war Vor-Welt.*
Mir hat's die Erde vertraut, wie sie's treibt mit dem Keim,
daß er heil sei. Abende, o, des Vertrauens, wir regneten beide,
still und aprilen, die Erde und ich, in den Schoß uns.
Männlicher! ach, wer beweist dir die trächtige Eintracht,
die wir uns fühlten. D i r wird die Stille im Weltall
niemals verkündet, wie sie sich schließt um ein Wachstum. —
Großmut der Mütter. Stimme der Stillenden. Dennoch! —
Was du da nennst, das i s t die Gefahr, die g a n z e
reine Gefährdung der Welt —, und so schlägt sie in Schutz um,
wie du sie völlig erfühlst. Das innige Kindsein
steht wie die Mitte in ihr. Sie a u s-fürchtend, furchtlos.

Erde — Natur — Mutter — Schoß: das sind die Werte, die hier aufgeboten werden gegen die Vorherrschaft des Männlich-Väterlichen im überlieferten Selbstverständnis unserer, der europäischen Kultur. Sie bezeichnen einen thematischen Schwerpunkt im Schaffen des Dichters, nicht den einzigen, vielleicht nicht den wichtigsten, aber einen, der sich früh gebildet haben muß, um dann im Laufe seiner künstlerischen Entwicklung immer nur an Geltung zu gewinnen. Innigkeit will sich mehr und mehr als ein rein «natürliches», körperlich-geschlechtliches Innesein verstehen; eine Art Mystik des Schoßes will in zahlreichen Passagen des späteren Werkes zur Sprache kommen, so in einigen berühmten Versen der achten *Duineser Elegie:*

12

Prag: der Hradschin und die Karlsbrücke

O Seligkeit der k l e i n e n Kreatur,
die immer b l e i b t im Schoße, der sie austrug;
o Glück der Mücke, die noch i n n e n hüpft,
selbst wenn sie Hochzeit hat: denn Schoß ist alles.

Was Rilke über seine eigene Mutter zu sagen hat, steht vielfach
n krassem Widerspruch zu dem mütterlichen Gnadenbild des

zitierten Fragments. Als 19jähriger hat er sich nicht gescheut, sie in einem Brief an die erste Freundin ein *vergnügungssüchtiges, erbärmliches Wesen* zu nennen. Der 22jährige erzählt mit inniger Wehmut von einer freundlichen alten Bäuerin, die er auf einer Wiese bei Wolfratshausen beim Heuen trifft, und fährt dann fort:

... und später fiel mir ein: hätt' ich doch eine Mutter besessen, so schlicht, so im tiefsten Grunde mühefroh und mühefromm, wie diese Alte... (an Lou Andreas-Salomé, 8. September 1897)

So bedenkenlos positiv sein Verhältnis zu den Frauen überhaupt, so schwärmerisch übertreibend sein Ausdruck sein kann, wo er die alle Dimensionen sprengende Übermacht des weiblichen Gefühls glaubhaft zu machen sucht, so unnachsichtig hart und schneidend kann er werden, wo seine Mutter, gerade sie, seiner Einsamkeit zu nahe tritt und als ein einziges groteskes Mißverständnis in die Mönchszelle seiner Freiheit einzubrechen droht. In einem Brief aus Rom vom 15. April 1904 an Lou Andreas-Salomé kann man lesen:

Meine Mutter kam nach Rom und ist noch hier. Ich sehe sie nur selten, aber – Du weißt es – jede Begegnung mit ihr ist eine Art Rückfall ... Wenn ich diese verlorene, unwirkliche, mit nichts zusammenhängende Frau, die nicht altwerden kann, sehen muß, dann fühle ich, wie ich schon als Kind von ihr fortgestrebt habe, und fürchte tief in mir, daß ich, nach Jahren und Jahren Laufens und Gehens, immer noch nicht fern genug von ihr bin, daß ich innerlich irgendwo noch Bewegungen habe, die die andere Hälfte ihrer verkümmerten Gebärden sind, Stücke von Erinnerungen, die sie zerschlagen in sich herumträgt; dann graut mir vor ihrer zerstreuten Frömmigkeit, vor ihrem eigensinnigen Glauben, vor allem diesen Verzerrten und Entstellten, daran sie sich gehängt hat, selber leer ein Kleid, gespenstisch und schrecklich. Und daß ich doch ihr Kind bin; daß in diese zu nichts gehörenden, verwaschenen Wand irgendeine kaum erkennbare Tapetentür mein Eingang in die Welt war – (wenn anders solcher Eingang überhaupt in die Welt führen kann ...)!

Dieser unerbittlichen Darstellung des Abfalls von der Mutter stehen andere Texte gegenüber, in denen ein leidenschaftlich zärtliches Verhältnis zwischen einem Sohn und einer Mutter geschildert wird. Das bekannteste Beispiel einer solchen Beziehung findet sich im *Malte*: dort, wo der Verfasser der Aufzeichnungen sich die Ängste und Innigkeiten seiner Kindheit vergegenwärtigt:

Maman kam nie in der Nacht –, oder doch, einmal kam sie. Ich hatte geschrien und geschrien, und Mademoiselle war gekommen und Sieversen, die Haushälterin, und Georg, der Kutscher; aber das hatte nichts genutzt. Und da hatten sie endlich den Wagen nach den Eltern geschickt, die auf einem großen Balle waren, ich glaube beim Kronprinzen. Und auf einmal hörte ich ihn hereinfahren in den Hof, und ich wurde still, saß und sah nach der Tür. Und da rauschte es ein wenig in den anderen Zimmern, und Maman kam herein in der großen Hofrobe, die sie gar nicht in acht nahm, und lief beinah und ließ ihren weißen Pelz hinter sich fallen und nahm mich in die bloßen Arm

*me. Und ich befühlte, erstaunt und entzückt wie nie, ihr Haar und
ihr kleines, gepflegtes Gesicht und die kalten Steine an ihren Ohren
und die Seide am Rand ihrer Schultern, die nach Blumen dufteten.
Und wir blieben so und weinten zärtlich und küßten uns, bis wir
fühlten, daß der Vater da war und daß wir uns trennen mußten. «Er
hat hohes Fieber», hörte ich Maman schüchtern sagen, und der Vater
griff nach meiner Hand und zählte den Puls. Er war in der Jägermei-
steruniform mit dem schönen, breiten, gewässerten blauen Band des
Elefanten. «Was für ein Unsinn, uns zu rufen», sagte er ins Zimmer
hinein, ohne mich anzusehen. Sie hatten versprochen, zurückzukeh-
ren, wenn es nichts Ernstliches wäre. Und Ernstliches war es ja nicht.
Auf meiner Decke aber fand ich Mamans Tanzkarte und weiße Ka-
melien, die ich noch nie gesehen hatte und die ich mir auf die Augen
legte, als ich merkte, wie kühl sie waren.*

Auch diese Episode, so möchte man vermuten, kann nicht die reine
«Erfindung» sein, auch in ihr sind persönliche Erinnerungen dichterisch verarbeitet worden. Ist es nicht mehr als wahrscheinlich, daß
Phia Rilke, enttäuscht und unglücklich verheiratet, ein Übermaß von
Gefühl an den einzigen Sohn gewendet haben könnte? Sie hat ihn
verwöhnt und verzärtelt, bis in sein sechstes Lebensjahr hinein ließ
sie ihn Mädchenkleider tragen, angeblich um an eine sehr früh ver-
storbene Tochter erinnert zu sein: auch dies Motiv, wie viele andere
nachweisbar autobiographische Züge, ist im *Malte* verwertet worden. Trotzdem wäre es eine Vereinfachung, wenn man, wie es gelegentlich geschehen ist, im Falle unseres Dichters von einer entschie-
denen «Fixation an das Mutterbild» sprechen wollte. Die Wider-
sprüchlichkeit in der Haltung dieses Sohnes zu seiner Mutter ist vielmehr ein besonders eklatanter Probefall für sein gebrochen-kompli-
ziertes Verhältnis zum Mitmenschen als Liebesobjekt überhaupt:
Hingabe (aus Innigkeit) und Abwehr (aus Einsamkeit) zugleich und
in einem. Die Novelle *Ewald Tragy* (1900), in der die Übersiedlung
des zwanzigjährigen Autors von Prag nach München, das Alleinsein
in der fremden Stadt, eine Erkrankung und Genesung in nur flüchtig
verschlüsselter Form erzählt wird, endet mit einer charakteristischen
Geste: der Held schreibt einen inbrünstigen Brief an seine Mutter,
schickt ihn aber nicht ab, sondern vernichtet ihn.

Rilke hat, wie am Problem seiner Herkunft, so auch am Bilde der
Mutter ein Leben lang «gedichtet». Wer die biographische «Wahrheit» in einer so oder so formulierten tiefenpsychologischen Deutung
sucht, der wird früher oder später auf das Recht, auf das souveräne
Bewußtsein der dichterischen Einbildungskraft stoßen, die nach einem
eigenen Wahrheitsbegriff mit ihren Erinnerungen verfährt. Wahr
ist für den Dichter die schwärmerische Zärtlichkeit der Malte-Episode
so gut wie das Grauen vor der Mutter und ihrem zerstörerischen Ein-
bruch in das eigene «Haus», das in einem Gedicht aus dem Jahre
1915 einen erschreckend sinnfälligen Ausdruck gefunden hat:

Ach wehe, meine Mutter reißt mich ein.
Da hab ich Stein auf Stein zu mir gelegt,
und stand schon wie ein kleines Haus, um das sich groß der
Tag bewegt,
sogar allein.
Nun kommt die Mutter, kommt und reißt mich ein.

Sie reißt mich ein, indem sie kommt und schaut.
Sie sieht es nicht, daß einer baut.
Sie geht mir mitten durch die Wand von Stein.
Ach wehe, meine Mutter reißt mich ein.

Die Vögel fliegen leichter um mich her.
Die fremden Hunde wissen: das ist d e r.
Nur einzig meine Mutter kennt es nicht,
mein langsam mehr gewordenes Gesicht.

Von ihr zu mir war nie ein warmer Wind.
Sie lebt nicht dorten, wo die Lüfte sind.
Sie liegt in einem hohen Herzverschlag,
und Christus kommt und wäscht sie jeden Tag.

Die letzten beiden Verse beziehen sich auf die eigensinnige und bigotte Frömmigkeit Phia Rilkes, von der sich der Sohn, je älter er wurde, desto leidenschaftlicher entfernte, obwohl einst seine kindliche Phantasie unschätzbar viel an Belehrung, Mythos und Legende durch sie empfangen hatte.

Nach einigen Grundschuljahren in der vornehmen Lehranstalt der Prager Piaristen wurde der kleine René im September 1886 auf die Militärunterrealschule von St. Pölten geschickt, wo er bis zum Übergang auf die Militäroberrealschule in Mährisch-Weißkirchen, September 1890, blieb. Man hatte entschieden, daß er Offizier werden sollte, um einmal diejenige gesellschaftliche Position zu behaupten, die seinem Vater versagt geblieben war. Diese Jahre einer gewiß nicht besonders feinfühligen Kadettenerziehung sind später im Haushalt der Rilkeschen Erinnerungen immer nur als eine «Fibel des Entsetzens» geführt worden, als eine Heimsuchung ohne Maßen. Zwar hat er sie mit unverkümmerter Seele überlebt, und es wird sogar berichtet, daß man den strebsamen und intelligenten Schüler zu schätzen wußte, auch auf seine Eigenart Rücksicht nahm und ihm z. B. erlaubte, seine frühesten Gedichte vor der ganzen Klasse zu rezitieren. In Rilkes Augen ist diese Zeit dennoch nichts als eine brutale Knechtung seiner Natur gewesen, und er hat stets daran festgehalten, in ihr das Urmodell der ihm eigentümlichen Leid-Erfahrung, einen puren, uneingeschränkten Besitz an Leiden zu sehen. Wieder bleibt es dem einzelnen Interpreten überlassen, ob er die «subjektive Erlebnisintensität» des Kindes (J. R. von Salis) oder aber die symbolisie-

Militärunterrealschule St. Pölten

rende Einbildungskraft des rückblickenden Dichters für diese Deutung verantwortlich machen will. Jedenfalls hat es wenig Sinn, von einer nachträglichen Fälschung des eigenen Lebenslaufes zu sprechen, wenn man etwa die gutmütigen Berichte seiner Mitschüler vergleicht mit den schroffen, wenn auch mit vollendeter Höflichkeit vorgetragenen Urteilen, die er in einem Brief an einen ehemaligen Lehrer von St. Pölten über die erzieherische Vergewaltigung seiner Kindheit fällt. Der Generalmajor von Sedlakowitz hatte sich bei dem berühmt gewordenen Zögling René Rilke in Erinnerung bringen wollen, und Rilke antwortete unter dem 9. Dezember 1920 u. a. folgendes:

...Ich hätte, glaube ich, mein Leben, das, was ich jetzt, ohne es im Ganzen zu erfassen, auf gut Glück so nennen darf, nicht verwirklichen können, wenn ich nicht, durch Jahrzehnte, alle Erinnerungen an die fünf Jahre meiner Militärerziehung verleugnet und verdrängt hätte; ja, was hab ich nicht alles für diese Verdrängung getan! Es gab Zeiten, da der mindeste Einfluß aus jener abgelehnten Vergangenheit das neue fruchtbare und eigentümliche Bewußtsein, um das ich rang, zersetzt haben würde —, und ich mußte, wo er sich etwa innerlich aufdrängte, mich über ihn hinwegheben, wie über etwas, was zu einem fremdesten, ja unkenntlichen Leben gehört. — Aber auch später noch, da ich mich in zunehmenden Eigenen schon umgebener und geschützter fand, erschien mir jene lange, weit über mein damaliges Alter hinaus, gewaltige Heimsuchung meiner Kindheit unbegreiflich —, und ich vermochte ebensowenig ihr undurchdringliches Verhängnis zu verstehen, wie das Wunder, das mich schließlich — vielleicht im letzten Moment — aus dem Abgrunde unverschuldeter Not befreien kam.

Rilke spricht von der *täglichen Verzweiflung eines zehn-, eines zwölf-, eines vierzehnjährigen Knaben,* mit wahrer Erbitterung stellt er fest, daß er die Schule als ein *Erschöpfter, körperlich und geistig Mißbrauchter* verlassen habe. *Aber es ist mir,* sagt er, *jetzt noch ge-*

17

genwärtig, wie ich, verbissen, eine Art Hülfe darin fand, daß jenes böse und bange Jahrfünft meiner Kindheit so völlig grausam gewesen sei, ohne eine einzige Milderung. Mit einem Wort wie «Verdrängung» scheint er dem Sprachgebrauch der Psychoanalyse mindestens nahezukommen, wenn er nicht gar bewußt auf ihn anspielen will. In der Tat ist er den Einsichten der neuen Wissenschaft mit Interesse begegnet, hat wohl auch, unter dem Einfluß von Lou Andreas-Salomé, der Geliebten seiner *Stundenbuch*-Jahre, eine Zeitlang den Gedanken erwogen, sich selbst analysieren zu lassen. Daß ihn ein untrüglicher Instinkt für die Eigentümlichkeit seiner Aufgabe schließlich doch davor bewahrt hat, die Last seiner Kindheitserinnerungen schlechthin als «Trauma» zu interpretieren, das geht aus einem an Lou gerichteten Brief vom 9. September 1914 hervor, in dem er von einer Sitzung mit dem Internisten Dr. Freiherr von Stauffenberg, seinem Münchner Arzt, berichtet:

Mit Schrecken empfand ich manchmal eine Art von geistigem Brechreiz, den er hervorzurufen bemüht war; es wäre furchtbar, die Kindheit so in Brocken von sich zu geben, furchtbar für einen, der nicht darauf angewiesen ist, ihr Unbewältigtes i n s i c h aufzulösen, sondern ganz eigentlich dazu da ist, es in Erfundenem und Gefühltem verwandelt aufzubrauchen, in Dingen, Tieren — worin nicht? — wenn es sein muß in Ungeheuern.

Rilke mußte es ablehnen, auf medizinischem Wege seelisch entlastet zu werden. Er hielt es für die Pflicht seines Herzens, auch noch das Furchtbarste, ja das Vernichtende zu «überstehen», «aufzuleisten» und dadurch in inneres Eigentum zu verwandeln. In diesem Sinne sind die merkwürdig versöhnlichen Wendungen in seinem Briefe an den General von Sedlakowitz zu verstehen:

Als ich in besonneneren Jahren (: denn wie spät kam ich in die Verhältnisse einer gelassenen, nicht nur nachholenden, rein aufnehmenden Lektüre!) Dostojewskis Memoiren aus einem Toten-Hause zuerst in die Hände bekam, da wollte es mir scheinen, daß ich in alle Schrecknisse und Verzweiflungen des Bagno seit meinem zehnten Jahre eingelassen gewesen sei!... Dem Gemüte eines Kindes konnten die St. Pöltener Gefängnismauern, wenn es das Maß seines ratlos verlassenen Herzens gebrauchte, ungefähr ähnliche Dimensionen annehmen.

Es ist zwanzig Jahre her, da hielt ich mich längere Zeit in Rußland auf. Eine Einsicht, die durch die Lesung der Dostojewskischen Werke nur ganz allgemein vorbereitet war, bildete sich in jenem, mir wahlheimatlichen Lande zur eindringlichsten Klarheit aus; sie läßt sich schwer formulieren. Etwa so vielleicht: Der russische Mensch hat mir in so und so vielen Beispielen vorgestellt, wie selbst eine, alle Kräfte des Widerstandes dauernd überwältigende Knechtung und Heimsuchung nicht notwendig den Untergang der Seele bewirken muß. Es gibt da, für die slawische Seele wenigstens, einen Grad der Unterwerfung, der so vollkommen genannt zu werden verdient, daß er ihr, selbst unter dem aufliegendsten und beschwerendsten Drucke, etwas wie einen heimlichen Spielraum schafft, eine vierte Dimension ihres Daseins, in der nun, mögen die Zustände noch so bedrängend werden, eine neue, endlose und wahrhaft unabhängige Freiheit für sie beginnt.

Was es unbescheiden, daß ich mir einbildete, eine ähnliche vollständige Ergebenheit und Hingebung, instinktiv, in jenen frühesten Jahren geleistet zu haben, da der Block eines undurchdringlichen Elends über die zartesten Keimblätter meines Wesens gewälzt worden war? Ich hatte, scheint mir, einiges Recht (mit verändertem Maßstabe natürlich) dergleichen anzunehmen, da sich ja ein a n d e r e s Überstehen unverhältnismäßigen, überlebensgroßen Unrechts nirgends nachweisen läßt.

Mögen Sie denn, mein verehrter Herr General, erkennen, daß ich schon vor langer Zeit eine gewisse Versöhnlichkeit gegen meine älteren Schicksale anzutreten unternahm. Da sie mich nicht zerstört hatten, mußten sie ja irgendwann als Gewicht auf die eine Waagschale meines Lebens hinzugelegt worden sein —, und die Gegengewichte, die die andere Schale ins Gleiche zu belasten bestimmt waren, konnten nur aus der reinen Leistung bestehen; zu der ich mich denn auch, seit jenen meinen russischen Tagen, entschlossen fand.

Nur wenige Monate noch hat es Rilke in Mährisch-Weißkirchen ausgehalten, schon am 6. Juli 1891 wurde er, seiner schlechten Gesundheit wegen, entlassen. Das Experiment seiner militärischen Erziehung war mißglückt. *Ein weiteres Jahr,* so hat er später berichtet, *verging mit Kränklichkeit und Ratlosigkeit.* Der gescheiterte Offiziersanwärter wurde nach Linz abgeschoben, um eine Handelsakademie zu besuchen, kehrte aber schon im Mai 1892 wieder nach Prag zurück. Endlich griff Onkel Jaroslaw ein, der energische, unermüdliche Förderer der Familie, und ordnete Maßnahmen an, um den verfahrenen Bildungsgang seines Neffen in geregelte Bahnen zu lenken. Er setzte ihm ein monatliches Stipendium in Höhe von 200 Gulden aus, um ihm die Vorbereitung auf eine staatliche Reifeprüfung durch intensiven Privatunterricht und späterhin das Studium der Rechte zu ermöglichen. Eines Tages, das war sein Gedanke, sollte der junge René die eigene Anwaltskanzlei erben und fortführen können. Der Neffe, wenn auch mit ganz anderen Absichten im Kopf, hat ihn zunächst nicht enttäuscht. Nach drei Jahren eifriger Arbeit bestand er am deutschen Staatsgymnasium zu Prag-Neustadt sein Examen mit ausgezeichnetem Erfolg: am 9. Juli 1895. Zu Anfang des Wintersemesters 1895/96 hat er sich an der heimischen Karl-Ferdinands-Universität immatrikuliert. Er wählte zuerst die philosophische Fakultät, belegte Philosophie, deutsche Literatur und Kunstgeschichte, wechselte aber ein halbes Jahr später zur Rechtswissenschaft über, ohne sich doch ernstlich für sie zu erwärmen. Wiederum sechs Monate später hatte er schon alles, was ihn drängen und beengen und von seinen künstlerischen Plänen abhalten wollte, abgeschüttelt: Ende September hatte er Prag den Rücken gekehrt und sich in München niedergelassen, nur noch mit den Angelegenheiten der Literatur und seines ruhelosen Herzens beschäftigt. Die Loslösung von Heimat und Familie war vollzogen, ein unstetes Reiseleben begann. In einem Brief vom 30. Dezember 1921 an Xaver von Moos, einen jungen Schweizer, hat Rilke sich über diesen Vorgang ausgesprochen:

Als mein Vater seinerzeit mir zumutete, die Kunst, zu der ich mich bestimmt meinte, nebenbei zu betreiben (: neben dem Offiziersberufe oder dem des Juristen), da geriet ich allerdings in die heftigste und ausdauerndste Auflehnung: das lag aber durchaus an unseren österreichischen Verhältnissen und am engeren Milieu, in dem ich heranwuchs; in jenem, obendrein noch so nahe an den künstlerischen Verdünnungen der achtziger Jahre des vergangenen Jahrhunderts, ein künstlerisch Wahres und Entschiedenes durchzusetzen, wäre, mit geteilter Kraft, völlig undenkbar gewesen —, ja, ich mußte mich, um überhaupt nur anzufangen, ganz aus den Bedingungen der Familie und der Heimat auslösen; zu denen gehörend, die erst später, in Wahlheimaten, Stärke und Tragkraft ihres Blutes erproben konnten.

BESCHEIDENE ANFÄNGE EINES GROSSEN TALENTS

Als Rilke nach München kam, war er als Autor durchaus nicht mehr, was man ein unbeschriebenes Blatt nennt. Im Gegenteil: er hatte sehr früh, zweifellos allzu früh begonnen, seine poetischen Versuche drucken zu lassen, vor allem Verse, aber auch Prosaskizzen, Erzählungen und dramatische Arbeiten, er hatte schon im Alter von 19, 20 und 21 Jahren die Prager literarische Provinz mit unreifen Veröffentlichungen geradezu überschwemmt. Kein Rilke-Leser, der die Bahn dieses Lebens bis hinter die Schwelle der künstlerischen Mündigkeit, die um 1899 anzusetzen ist, zurückverfolgt, wird ohne ein Gefühl von Bestürzung zur Kenntnis nehmen, aus was für trivialen Anfängen das Werk des Dichters der *Duineser Elegien* hervorgegangen ist. Nur mit Mühe würde man aus der Sprache und dem Gehaben des jungen René überzeugende Andeutungen einer künftigen Meisterschaft herauslesen können. In Hunderten von mittelmäßigen Gedichten scheint sich zunächst nichts weiter als eine zügellose Facilität des Versemachens zu dokumentieren, eine lyrische Redseligkeit, die irgendwelche Jedermannsgefühle in leere Sprachschablonen gießt und sich über das Niveau der poetischen Dutzendware jener Tage kaum irgendwo erhebt. Der allgemeingültige Heineton, der jahrzehntelang den Geschmack des lesenden Publikums beherrscht hatte, ist noch nicht überwunden; die Epigonen des bürgerlichen Salons von Gustav Falke bis Martin Greif und Wilhelm Arent bestimmen den motivischen und stilistischen Kanon, den man vorläufig noch nicht durchbrechen kann. In einer Zeit, als Hofmannsthal schon Dinge wie *Der Tod des Tizian* und *Der Tor und der Tod* geschaffen hatte und sich zum *Kleinen Welttheater* rüstete, war der nur um ein Jahr jüngere

Rilke noch in den Vorstellungen der romantischen Schauerballade befangen und schrieb Verse wie diese:

> *Kaum will der Tag die Hügel krönen,*
> *regt sich's zu Wulfsmoor schon im Tal;*
> *heut soll Graf Erich sich versöhnen*
> *mit Jutta, seinem Ehgemahl.*

So beginnt das Gedicht *Der Sühneversuch*, das 1895 im «Deutschen Dichterheim» veröffentlicht wurde. Ein Helm blitzt *in blauer Luft*, ein Hengst scharrt, eine *goldene Sänfte* wird herangetragen, *Ohm* reimt sich auf *der Liebe Strom* —, bis das ganze tragische Geschehen in einer unfreiwillig komischen Schlußpointe zur Katastrophe führt:

> *Ihn faßt ein unerklärlich Ängsten.*
> *Er ruft. — Umsonst! Sein Auge loht*
> *jetzt Wut. Jäh reißt er vor den Hengsten*
> *und drin liegt Gräfin Jutta — tot.*
>
> *Den eignen Dolch im zarten Leibe.*
> *Hoch steigt, da Blutgeruch ihn traf,*
> *der Hengst. — Bei seinem toten Weibe*
> *liegt Erich mit zerschelltem Schlaf.*

Im Gegensatz zu Hofmannsthal, der in der kultivierten Atmosphäre eines hochbürgerlichen Hauses herangewachsen war, hat der junge Rilke ganz ohne eine solche Elementarschule des Geschmacks und der Bildung auskommen müssen, im Gegensatz zu George war es ihm nicht vergönnt, im Umgang mit überlegenen Künstlern frühzeitig zu seinen höchsten Möglichkeiten erzogen zu werden. Was die Mängel seiner Erziehung betrifft, so hat er selbst sich sein Leben lang als Autodidakt gefühlt, hat noch als reifer Mann daran gedacht, ein systematisches Studium nachzuholen, und eine gewisse Unsicherheit im Geschmacklichen ist bis in seine späten Jahre hinein zu beobachten. Auch litt seine Entwicklung an der allgemeinen Dürftigkeit des literarischen Lebens seiner Heimatstadt. Was der (aus Prag stammende) Literarhistoriker Peter Demetz im Hinblick auf die Prager Szenerie der neunziger Jahre die «provinzielle Verspätung» nennt[1], das gab ihm zwar Gelegenheit, schon als blutjunger Mensch eine öffentliche Rolle zu spielen, hemmte aber andererseits seine Begabung, sich in raschem Fortschreiten zu entfalten. Mit ephemeren Lokalgrößen, deren Namen längst vergessen sind, verband ihn ein Gefühl von ehrgeiziger Kollegialität, bei ihnen bewarb er sich um kunstrichterliche Anerkennung und empfing sie in reichem Maße. Die Briefe dieser Jahre zeigen ihn sehr weitgehend mit den Aktualitäten des literari-

---

1 Peter Demetz, René Rilkes Prager Jahre, Düsseldorf 1953, S. 79.

schen Jahrmarkts beschäftigt, mit den Stimulantien des jeweils Neuesten vom Tage, mit der Jagd nach Beziehungen und den noch frischen Genüssen des Gedrucktwerdens, mit den Eitelkeiten und Empfindlichkeiten des Besprechungswesens, nicht zuletzt mit den kleinen Sensationen des Theaters und seines Personals. Die nahezu peinliche Betriebsamkeit dieser Phase hat Rilke später damit erklärt, daß er sich bei seiner widerstrebenden Familie in ein erfolgreiches Licht habe setzen müssen; das unbefangene Studium der Quellen, wie sie erst neuerdings, vor allem durch das Demetzsche Buch, erschlossen worden sind, ergibt jedoch ein etwas abweichendes Bild. Der Mann, der sich später aus allen Vordergründigkeiten des literarischen Lebens konsequent heraushalten, der seine Einsamkeit beinahe vergötzen und durch die unbeirrbare Geradlinigkeit und Strenge seiner Kunstübung einen fast legendären Ruhm erwerben wird: mit zwanzig hat er die Allüren eines schreibenden Hans Dampf in allen Gassen.

Zahlreiche Zeitungen und mindere Zeitschriften versorgt er mit leichtfertigen Beiträgen in Vers und Prosa, durchreisenden Dichtern weiß er sich und seine Produkte mehr als nahezubringen, bei der einen Autorität beruft er sich auf die andere, mit Verlegern und Herausgebern versteht er zu reden wie ein Alter, wobei er eine merkwürdige Form von kindlich-dreister Geschäftstüchtigkeit an den Tag legt. In zwei verschiedenen deutschen Künstlerclubs, der «Concordia» und dem «Verein der bildenden Künstler», ist er häufiger und begeisterter Gast, betreibt aber gleichzeitig den Plan, sie beide durch eine radikale Neugründung, einen «Bund moderner Fantasiekünstler» bzw. «moderner Zopfverächter», wie der «Intim-Titel» lauten sollte, zu verdrängen und zu ersetzen. In einem Brief an Laska von Oestéren, eine Artikel schreibende junge Dame, die er kurzerhand zur Baronesse erhoben hatte und mit redseligen Huldigungen traktierte, drückt er diese Idee folgendermaßen aus:

> Des trüben Alltagstreibens satt,
> Bin ich bestrebt zur Künstlerstadt
> Das alte Prag zu prägen;
> ...
> Nur Künstler ganz von gleicher Art
> Die Seele voller Gegenwart,
> Selbstschaffende Moderne.
> Die offen in die Sonne schaun,
> Und sehnsuchtsblaue Brücken baun
> Zu jedem lichten Sterne.

Gegen Schluß desselben Briefes (vom 16. März 1896) findet sich eine höchst charakteristische Bemerkung: *Ich lege heute mein Volks-Gratis-Unternehmen «Wegwarten» (eine Gabe fürs Volk) bei. Wenn es Sie, gnädigste Baronesse, interessiert, werde ich Ihnen demnächst mein mit großem Beifall aufgenommenes Buch «Larenopfer» (Dr. Klaar bespricht es in der gestrigen Bohemia) überreichen!*

Mit einer unkritischen Gründermanie und dem naiven Selbstbewußtsein des vielgedruckten Anfängers verbindet sich hier die soziale Schwärmerei. «Wegwarten» war eine zeitschriftenähnliche Veröffentlichung, die im Selbstverlag des Verfassers gedruckt wurde. Sie sollte mit einiger Regelmäßigkeit, ein bis zweimal jährlich, erscheinen, von Wohltätern finanziert und unentgeltlich an das «Volk», an Krankenhäuser, Handwerkervereine usw. verschickt werden, ist aber über die dritte Nummer (vom 19. Oktober 1896) nicht hinausgekommen. Weitere Projekte waren: eine österreichische Ausgabe der Zeitschrift «Jung-Deutschland und Jung-Elsaß», für die Rilke bei seinem Straßburger Verleger Gottfried Ludwig Kattentidt sich verschwor, eine «schwere Menge» österreichischer Abonnenten beizubringen; ferner die Gründung eines sogenannten intimen Theaters, *das den von der Bühne aus irgendwelchem Grunde verdammten Stücken die Tore eröffnet*. Wem diese freie Bühne vornehmlich zugute kommen sollte, das erfährt man wiederum aus einem Briefe an die hochverehrteste Baronesse:

Ich will vor allem den Niederländer Maurice Maeterlinck zur Aufführung bringen. Hermann Bahr in Wien hat ja da und dort (auch in seiner trefflichen Wochenschrift «Die Zeit») genug über Maeterlinck geschrieben, und Ihnen wird die Eigenart seines Schaffens zweifelsfrei bekannt sein. M. hat das Drama geschaffen, in welchem nur die Seelen etwas erleben. Das Drama, dessen beredteste Sprache das Schweigen, dess Katastrophe die «schreiende Ruhe» ist.

Keiner der beiden Pläne hat verwirklicht werden können.

René Rilkes Begeisterung für das Theater hat ihn, wie gesagt, auch verführt, sich selbst auf dramatischem Felde zu versuchen. Die Ergebnisse dieser Bemühungen sind zunächst in naturalistischer Manier gehalten (*Jetzt und in der Stunde unseres Absterbens, Im Frühfrost*, beide 1896), später zeigen sie sich mehr an symbolistischen Vorbildern orientiert (*Höhenluft,* 1897, *Ohne Gegenwart* und *Mütterchen*, beide 1898). Das Elendsstück ist für den jungen Dichter nicht weniger anziehend als das Seelendrama, und beinah gleichzeitig sieht man ihn für das eine und für das andere entflammt. Derselbe Brief, der schon für Maeterlinck eifert, gibt gleichwohl einem gewissen Rudolf Christoph Jenny die Ehre und spricht mit Bewunderung von seinem *ausgezeichneten 3-aktigen Volksstück ‹Not kennt kein Gebot›*, dessen Prager Erstaufführung für *heute abend* (6. Mai 1896) erwartet wird. Dieser Jenny, siebzehn Jahre älter als Rilke und von ihm als *liebster Freund und Meister* verehrt, gehörte zum engsten Kreise der Prager Gefährten. Er war gebürtiger Stuhlweißenburger, war aber schon als Kind nach Tirol gekommen und hatte sich nach einer wechselvollen Laufbahn als Offizier, Schauspieler und Schriftsteller noch in späten Jahren zum Studium der Philosophie nach Prag begeben. Sein Stück, das einer charakteristischen Strömung des Zeitgeschmacks nichts schuldig blieb, wurde von mehreren österreichischen Bühnen, u. a. auch vom Wiener Raimund-Theater, mit mehr oder weniger großem Erfolge aufgeführt. Es behandelt den Konflikt zwischen einer

Maurice Maeterlinck

armen Mieterfamilie und dem reichen, skrupellosen Hausherrn. Rilke war so beeindruckt, daß er in seinem «Absterben» fast haargenau das gleiche Thema zu bemeistern unternahm. Doch gelang es ihm nicht, die kräftige, mundartgebundene Volksstückmanier seines Musters zu erreichen; seine Dialogsprache ist blasser, «literarischer», ein matter Versuch, den Stil des Berliner Naturalismus ins Pragerische zu übertragen. Am 6. August 1896 wurde dieser melodramatische, mit grobschlächtigen Kolportagemotiven arbeitende Einakter in einer Benefizvorstellung des Prager deutschen Volkstheaters gegeben. Diese Uraufführung ereignete sich in einer sommerlich veröndeten Stadt, *Prag ist recht leer*, heißt es in einem Brief vom Mittag dieses 6. August an Jenny, und obwohl der Autor von einem *guten Erfolge* glaubte sprechen zu dürfen, kam eine Wiederholung nicht zustande. Fast ein Jahr später, am 20. Juli 1897, ging auch Rilkes zweiter dramatischer Versuch, *Im Frühfrost*, über die Bretter des deutschen Volkstheaters. Diesmal war es eine Berliner Truppe, die das Stück inszeniert hatte. Unter den Schauspielern befand sich ein junger Mann namens Max Reinhart.

Der Schwerpunkt der Rilkeschen Produktivität lag aber auch in dieser «Vorzeit» schon auf lyrischem Gebiet. Seine erste Gedichtsammlung erschien 1894 unter dem Titel *Leben und Lieder*. Sie ist der Nichte des tschechischen Dichters Julius Zeyer, Valerie von David-Rhonfeld, gewidmet und steht ganz im Zeichen der verliebten Beziehung, die den Autor mit diesem hübschen, schwärmerischen und musisch empfänglichen Mädchen verband. René hatte seine um ein Jahr ältere Freundin im Januar 1893 kennen gelernt und ist ihr bis zum Sommer 1895 treu ergeben gewesen. *Mein ganzes bisheriges Leben scheint mir ein Weg zu Dir*, so schreibt er in einem Brief an sie vom 4. Dezember 1894, seinem 19. Geburtstag: *wie eine lange lichtlose Fahrt, nach deren Ende mir der Lohn ist, nach Dir zu streben und Dich ganz mein zu wissen in naher Zukunft*. Diese «Vally» hat in Rilkes Leben die Rolle der ersten ernsthaften Jugendliebe gespielt, und doch ist sie noch ganz und gar eine Figur seiner «Vorzeit». Noch ist der seelische Gehalt dieser Partnerschaft für seine geistige und dichterische Entwicklung verhältnismäßig irrelevant, und zwar deshalb, weil seine «eigentliche», im Fühlen und Dichten mündige Lebensgeschichte noch gar nicht recht begonnen hat, weil die seelische Reife, die einer epochemachenden Frauengestalt gewachsen gewesen wäre, noch nicht gegeben ist. Vally hat gewiß mehr «Schicksal» investiert als ihr Dichter; aus einigen trüben Aufzeichnungen, die von ihr überliefert sind, spricht aber nichts, was den Titel «Tragödie» rechtfertigen könnte.

Der Band *Leben und Lieder* (der nur mit Hilfe von Vallys finanzieller Unterstützung gedruckt werden konnte) besteht zur Hauptsache aus Variationen über das Thema «Mein Liebchen hat mir das Herz geraubt» und hat noch kaum etwas zu sagen, was über den Horizont der bürgerlichen Gartenlaube und die vorläufige Ästhetik eines Gymnasiasten hinausginge. Ende 1895 folgen die *Larenopfer*: neben Gefühlsergüssen im neuromantischen Stil, naturalistischen Elendsgedichten und balladischen Strophen über Motive aus dem Dreißigjährigen Kriege *(Kohleskizzen in Callots Manier)* enthalten sie vor allem beschreibende Gedichte über die Straßen, Häuser, Kirchen und Brücken des alten Prag, lyrische Stadtansichten, impressionistische Stimmungsbilder und Huldigungen an die böhmische Heimat und ihre Menschen:

> *Mich rührt so sehr*
> *böhmischen Volkes Weise...*

Gestalten der Sage und der Geschichte werden besungen, Kaiser Rudolf, Jan Hus, der weise Rabbi Löw; tschechische Dichter wie der berühmte Dramatiker Kajetan Tyl, auch zeitgenössische wie Julius Zeyer und Jaroslav Vrchlicky, werden gefeiert, tschechische Brocken werden liebevoll in den deutschen Vers aufgenommen. Die völkischen Spannungen, die auch im Prag der neunziger Jahre schon sehr fühlbar waren und bis zu politischen Morden führen konnten, hier werden sie nicht nur ignoriert, sondern bewußt bestritten. Die tschechisch-deutsche Symbiose erscheint hier noch einmal im Lichte einer stimmungsseligen Sympathie.

Leben und Lieder

*

Bilder und Tagebuchblätter

von

René Maria Rilke.

STRASSBURG i. E. und LEIPZIG
G. L. Kattentidt
Jung Deutschlands Verlag.

«Leben und Lieder» (1894)

25

Wieder ein Jahr später, zu Weihnachten 1896, lag ein dritter Gedichtband unter dem Titel *Traumgekrönt* gedruckt vor. Hier wird nun alles, was in den *Larenopfern* an objektiver Außenwelt gewonnen war, wieder preisgegeben: die lyrische Bewegung zieht sich ganz ins Innere zurück. Die neuromantische Empfindsamkeit blüht. Alle Requisiten einer präraffaelitischen Feierlichkeit werden aufgeboten:

> *Ob dir der Stirne göttliches Schweigen*
> *auch kein rotgoldener Reif unterbrach —,*
> *Kinder werden sich vor dir neigen,*
> *selige Schwärmer staunen dir nach.*
>
> *Tage weben aus leuchtender Sonne*
> *dir deinen Purpur und Hermelin,*
> *und, in den Händen Wehmut und Wonne,*
> *liegen die Nächte vor dir auf den Knien...*

Es triumphiert die schwelgerische, in ihre eigene Preziosität verliebte Seelenlyrik, der narzißtische Selbstkult der sentimentalen Zart- und Weh- und Traumgefühle, und schon zeigt auch der Strophenbau gelegentlich Merkmale einer süchtigen, schwelgerischen, Reime häufenden «Musikalität», wie sie später durch das *Stundenbuch* so populär geworden ist:

In der Tonlage ähnlich, in der Motivbildung abwechslungsreicher ist der Band *Advent*, der Ende 1897 erschien. Die meisten Verse dieser Sammlung sind in München entstanden, einige während einer Reise nach Venedig, die der Dichter im März dieses Jahres mit Nathan Sulzberger, einem literarisch interessierten jungen Amerikaner, unternommen hatte, einzelne in Wolfratshausen im Isartal. Ganz verschwunden sind jetzt die naturalistischen Stilelemente, wenn auch das Motiv der Armut bleiben wird, auch der Balladenton ist verstummt, die Skizzenbuchblätter über Städte und Landschaften treten zurück. Was Rilke in die-

Der Einundzwanzigjährige. Karikatur von Emil Orlik, 1896

ser Phase an Maeterlinck rühmt als die «Lehre vom leisen Leben», diese auch an Munch erinnernde Allgewalt des Innerlichen, wird mehr und mehr zum beherrschenden Thema seiner Poesie. Die Sehnsucht wartender Mädchen oder die schweigende Ahndungskraft werdender Mütter entzündet seine Einbildungskraft. Der künftige Dichter des «Weltinnenraums» ist im Begriff, sein bisher so schweifendes und unsicheres Talent auf eine einzige, eigentümliche und maßgebende Botschaft zu konzentrieren.

Von diesen vier präludierenden Gedichtbänden ist es nur der erste, *Leben und Lieder*, den Rilke sehr bald gänzlich verworfen, ja sogar aus dem Buchhandel zurückgezogen hat. Allen anderen hat er zeit seines Lebens eine relative Existenzberechtigung zugestanden. Im übrigen war sein Urteil über die eigenen Anfänge in späteren Jahren so streng wie möglich. So in einem Brief an den Literarhistoriker Hermann Pongs vom 17. August 1924, wo er mit einer feinen Mischung von Beschämung und Dankbarkeit (gegen Freunde und Förderer) seine Jugend zur Sprache bringt.

Diese von Leistung aller Art überstürzten Jahre waren zugleich die meiner frühesten, oft, trotz aller Pflichten und Aufgaben, recht lebhaften Produktivität; meine zeitigsten Publikationen stammen aus ihr —, alle jene Versuche und Improvisationen, von denen ich, ein weniges später, nur wünschen konnte, ich hätte die Überlegung gehabt, sie in meinem Schultisch-Laden zurückzuhalten. Daß sie trotzdem hinausgerieten, ja, von mir mit allen Mitteln hinausgedrängt wurden, hat den gleichen Grund, durch den sie mir heute so ungeeignet erscheinen, die Anfänge dessen zu bedeuten, was mir nach und nach gelingen sollte. Wenn ich töricht genug war, jene Nichtigkeiten ausspielen zu wollen, so trieb mich dazu der ungeduldige Wunsch, meiner widerstrebenden Umgebung mein Recht auf solche Betätigung zu erweisen —, ein Recht, für das, wenn diese Versuche einmal hinausgestellt waren, auch andere namhaft einzutreten sich geneigt zeigen möchten. Ja, mehr als alles hoffte ich wohl dieses: in der Öffentlichkeit solche zu finden, die mir helfen könnten, Anschluß an jene geistigen Bewegungen zu gewinnen, von denen ich mich in Prag, selbst unter besseren Umständen, als die meinigen waren, ziemlich ausgeschlossen glaubte. Es ist die einzige Zeit in meinem Leben, da ich nicht innerhalb der Arbeit rang, sondern mit ihren dürftigen Ansätzen nach Anerkennung ausging: dies vor allem wird es wohl sein, was mit sich brachte, daß ich, bald darauf schon, so wie ich (etwa ein Jahr vor der ersten russischen Reise) zum ersten Mal in eine vorläufige Mitte meiner eigentlichen Natur mich eingesetzt fand, mit einer gewissen Beschämung jene Vorzeit verleugnete, obwohl ihr Staub noch auf meinen Büchern lag. Dabei verurteilte ich freilich nur meine eigene Einstellung und vergaß nicht der Hülfen, die mir zuteil geworden waren. Unter den Pragern hatten Alfred Klaar, Friedrich Adler, von den Jüngeren Hugo Salus und der Maler Orlik mein Streben bemerkt, und August Sauer hatte schon den frühesten Versuchen eine Aufmerksamkeit zugewendet, die sie nicht verdienen konnten.

Daß auch der vortreffliche Sauer (1855—1926), einer der ersten Germanisten seiner Zeit, dem dichtenden Gymnasiasten und Studenten schon soviel Kredit einräumen konnte, sollte allen zu denken geben, denen die gesamte frühe Produktion Rilkes, so sehr sie den veränderten Zeitgeschmack befremden muß, keinen Pfifferling wert zu sein scheint. Aber der Dichter kann, bei dieser selbstkritischen Rechtfertigung seiner Jugend, noch einen zweiten, größeren Namen ins Treffen führen:

Die stärkste Hand aber, die ich festhalten durfte, hatte sich mir von Norden her herübergereicht, und während ich sie nicht losließ, mag ich mich ihrer redlich gerühmt haben. Ich werde nie vergessen, daß es Detlev von Liliencron war, der mich als einer der Ersten zum unabsehlichsten Vorhaben ermutigte —, und wenn er, gelegentlich, seine kordialen Briefe mit der generösen Überschrift versah, die, laut gelesen, lautete: «Mein herrlicher René Maria», so kam es mir vor (und ich strengte mich an, meiner Familie diese Überzeugung anzubieten), als ob ich in dieser Zeile die verläßlichste Anweisung auf kühnlichste Zukunft besäße!

In der Tat: Liliencron ist der einzige zeitgenössische Meister ersten Ranges, dessen Vorbild und Beistand den jungen Dichter während seiner Prager Zeit begeistert und wesentlich gefördert hat. Sein Einfluß zeigt sich am stärksten in den *Larenopfern*, ist aber auch in einigen impressionistisch gestimmten Strophen von *Traumgekrönt* noch nachzuweisen:

> *So wie ein gelbes Eichhorn huscht*
> *das Licht hin im Reflexe,*
> *und violetter Schatten tuscht*
> *ins weiße Kleid ihr Kleckse.*

Liliencron (der im Feldzug des Jahres 1866 die Stadt Prag kennen gelernt und in Böhmen seine Feuertaufe empfangen hatte) verwöhnte also seinen jungen Prager Verehrer mit großmütigen Briefen. Rilke hat sich in jeder Hinsicht dankbar erwiesen. Als im Herbst 1896 in München bekannt wurde, daß der holsteinische Dichter in böse finanzielle Schwierigkeiten geraten sei, da verfaßte er nicht nur einen hymnischen Artikel über den «Poggfred», der im Januar 1897 im «Deutschen Abendblatt» erschien, sondern setzte auch seinen Ehrgeiz darein, von München aus einen Prager Leseabend mit Liliencronschen Werken und zu Gunsten des Autors zu organisieren. Rilke selbst versah das Amt des Vorlesers, und obwohl die Kritik der Presse sich einigermaßen zurückhaltend äußerte, ließ er es sich nicht nehmen, ein superlativisches Telegramm nach München zu schicken: *Liliencron-Abend großer Erfolg! Materiell und ideell! Sende unserem teuren Detlev heute 300 Mark und die Versicherung vieler neuer begeisterter Freunde. Heil Liliencron!* Wenige Monate später wurde auch der Dichter des «Poggfred» und der «Adjutantenritte» selbst von der durch Rilke gewonnenen Lesergemeinde nach Prag eingeladen:

Detlev v. Liliencron. Radierung von John Philip, 1898

am 11. Mai 1897 konnte er dort seine erste Vorlesung halten und wurde lebhaft gefeiert. Um diese Zeit hatte Rilke schon angefangen, sich von Liliencron zu entfernen und anderen, «moderneren» Göttern zu huldigen. Doch kann man die Spuren seines dankbaren Gedenkens bis in die Pariser Epoche hinein verfolgen. So sind, wie Demetz nachgewiesen hat, die atmosphärebildenden Namen, die er in seinem Roman verwendet, zum guten Teil aus Liliencrons Welt und Werk entlehnt: Malte, Christoph Detlev und der adlige Sippenname Brigge selbst.

Rilkes erster Münchner Aufenthalt dauerte mit Unterbrechungen bis Anfang Oktober 1897. Er stand in losem Kontakt mit der Universität, studierte ein wenig Kunstgeschichte, insbesondere die italienische, war aber vorwiegend mit sich selbst, mit einigen neuen Menschen und seiner eigenen immer noch vorläufigen dichterischen Arbeit beschäftigt. Unter den gleichaltrigen Schriftstellern, die in der bayerischen Hauptstadt lebten, waren es vor allem Wilhelm von Scholz und Jacob Wassermann, deren Freundschaft er gewinnen konnte. Mit beiden verband ihn das Pathos des Aufbruchs in eine neue, befreiende Epoche des künstlerischen Ausdrucks. *Der Bilderprunk alter Gobelins ist drin,* so schrieb er damals in einer Rezension über Scholzens Gedichtband «Hohenklingen» (1897), *und zugleich die Zärtlichkeit, mit welcher die Sonne ihre Farben verklärt ... Anfänge und Anklänge einer neuen und reifen Kunst.* Man wechselte glühende Widmungen, Rilke war unter den wenigen Gästen, die an Scholzens Hochzeitsfeier teilnahmen, er besuchte den Freund auf dem schönen Besitztum seines Vaters, eines ehemaligen preußischen Finanzministers, am Bodensee und — zog sich schon bald wieder von ihm zurück. In der schon erwähnten Novelle *Ewald Tragy* hat er den Abschied von Prag, die Flucht aus der beklemmenden Atmosphäre der sonntäglichen Familientreffen am Mittagstisch der Tanten Gabriele Kut-

schera von Woborski und Malwine von Rilke (der Witwe Onkel Jaroslaws) und die kaum weniger beklemmende Freiheit oder vielmehr Ausgesetztheit der ersten Münchner Zeit mit fast autobiographischer Genauigkeit geschildert. Das bedrückend Groteske des familiären Umgangs (das gewisse Familienszenen aus dem *Malte* schon vorausahnen läßt) ist hier, wenn auch mit unausgereiften Mitteln, ebenso gut getroffen wie die quälende Vorläufigkeit der Untermieterexistenz eines unbekannten jungen Musensohnes, der seine Einsamkeit gleichzeitig pflegt und in Literaten-

1897

Jens Peter Jacobsen. Radierung von Axel Helsted, 1895

Cafés zu Markte trägt. Die beiden Freunde figurieren unter den Namen Wilhelm von Kranz und Thalmann, Scholz übrigens in einer satirischen Stilisierung, die das rasche Abflauen der Freundschaft zu ihm nachträglich erklärt.

Es war die Zeit, in der Rilke konsequent und intensiv zu lesen lernte und durch allseitiges Aufnehmen den schmerzlich empfundenen Nachteil einer verspäteten Entwicklung durch Fleiß und Disziplin wettzumachen suchte. Das nach Liliencron bedeutsamste Lektüre-Erlebnis seiner Jugend, die Entdeckung desjenigen Autors, der ihn wie kein anderer — weder früher noch später — beeindruckt und in seinem Innern Epoche gemacht hat, fällt in diese Monate: Jens Peter Jacobsen. Wie nachhaltig der dänische Dichter ihn bewegt hat, das hat er in dem schon zitierten Brief an Pongs aus dem Jahre 1924 noch einmal mit großer Entschiedenheit zum Ausdruck gebracht:

Was aber J. P. Jacobsen angeht, so hab ich auch später noch, durch viele Jahre, so Unbeschreibliches an ihm erlebt, daß ich mich außer-

stande sehe, ohne Betrug und Erfindung festzustellen, was er mir in jenen frühesten Jahren mochte bedeutet haben. Noch weit in die Pariser Zeit hinein, war er mir ein Begleiter im Geiste und eine Gegenwart im Gemüt —; daß er nicht mehr lebte, schien mir zuweilen eine unerträgliche Entbehrung zu sein, aber gerade diese seltsame Nötigung, ihn noch gekannt zu haben, erzog in mir frühzeitig die Freiheit und Offenheit nach dem Verstorbenen zu; eine Einstellung, die dann gerade in seiner, Jacobsens Heimat und in Schweden die wunderlichste Bestärkung erfahren sollte.

Worin lag es denn nun aber, das «Unbeschreibliche» der Wirkung dieses Autors auf den jungen Rilke? War es, wie einige Forscher glauben, Jacobsens «Ethos vom eigenen Tode», das ihn fasziniert hat, oder aber, wie andere vermuten, die besondere Art, wie die Motive Kindheit und Mädchentum behandelt werden, war es das Thema des «Sich-fallen-Lassens» oder ganz allgemein die wunderlich-nordische Atmosphäre, die Kultur des «leisen Lebens», die man von Maeterlinck her kannte, hier nun ins Dänische und ins subtil Erzählerische übersetzt, oder waren es bloß bestimmte künstlerische Verfahrensweisen, die man von ihm lernen konnte? Alles dies zusammengenommen, so wird man antworten müssen, und mehr als die Summe aller Einzelheiten. Niemals, bei keinem Künstler, der für Rilke einmal Ereignis und Vorbild geworden ist, sind es nur einzelne Vorzüge oder einzelne Motive gewesen, die ihn bestochen hätten: die großen Künstler, die seine Liebe gewinnen konnten haben für ihn denselben Sinn wie seine Wahlheimaten, sie repräsentieren das Ganze der menschlichen Dinge, ja des Seins überhaupt in einer besonders intensiven Fühlbarkeit. Gleichwie sein eigenes dichterisches Verhältnis zur Wirklichkeit sich immer nur als ein fühlendes «Leisten» des Ganzen, der «Einheit von Leben und Tod» (wie die endgültige Formel lauten wird) verstehen kann, so hat auch seine Bewunderung für einen großen Künstler immer den Sinn eines totalen Einstimmens in die Gesamtheit seiner «Natur». Darum kann er noch Jahrzehnte nach seiner akuten Jacobsen-Begeisterung, diesmal in einem Brief an den Zürcher Literarhistoriker Alfred Schaer (vom 16. Februar 1924), bekennen:

Der Name Jacobsen für sich allein bedeutet da eine ganze bestimmte Epoche meines Lebens: er war wirklich der «Jahres-Regent» meines Himmels-Erdenjahrs.

Der Pongsbrief berichtet schließlich, wie diese wundertätigen Werke in Rilkes Besitz gelangt sind:

Übrigens war es Jacob Wassermann, dem ich den ersten, fast strengen Hinweis auf diese Bücher (sowie auf Turgenjeff) zuschreibe, das lyrische Ungefähr, in dem ich mich bewegte, machte ihn, der die Arbeit und Erarbeitung im Künstlerischen schon werten und ausüben gelernt hatte, ungeduldig —, und so legte er mir eines Tages in München, als eine Art Aufgabe, diese Werke in die Hand, die er sich kurz vorher selber maßgebend gemacht hatte. Daß ich, von mir aus, so zugängliche Bücher zu finden nicht fähig war, erinnert auch an meine heillose Unbeholfenheit im Lesen; ohne die berühmten Bücherkästen, die Seine entlang, die einem die Bücher aller Zeiten an den Rand des Lebens legen —, was würde ich je gefunden haben!

Es folgen ein paar knappe Reminiszenzen an das einstige Verhältnis zur zeitgenössischen deutschen Literatur:

Auch jene Münchner Frühzeit bediente mich sonst nicht besonders, was das Lesen angeht; die «Blätter für die Kunst» z.B. sind mir auch damals unerreichbar oder unbekannt geblieben, so daß ich von Hofmannsthal nicht viel gelesen haben kann. Die Bezauberung, die von dem Wenigen ausging, das ich mir zu eigen machen konnte, hatte freilich nicht ihresgleichen. Von Stefan George war das «Jahr der Seele» mir von Anfang an bedeutend gewesen; es erschloß sich mir aber erst als Überwältigung, seit ich den Dichter im Lepsius'-schen Kreise seine gebieterischen Verse hatte sagen hören.

Eine Reihe von geringeren Namen wird noch genannt, das *eine Zeitlang parallele Bemühen von Wilhelm von Scholz* wird erwähnt und der damals vielversprechende junge Emanuel von Bodman (1874–1946) —, bis der Berichterstatter sich selber beinah gewaltsam unterbricht, um endlich dasjenige Erlebnis zu nennen, das nach seinen Maßstäben für die eigene Entwicklung weitaus befördernder gewesen ist als jede Art von «Einfluß» oder literarischer Berührung, ausgenommen diejenige mit Jacobsen:

— aber da wirkte, durch einen mir nahen Menschen, der es in seiner Natur zusammenfaßte, zwei Jahre ehe ich es bereiste, Rußland herein, und damit war, wie Sie richtig erkennen, die Wendung ins eigentlich Eigene vorbereitet.

Dieser «mir nahe Mensch», der, in St. Petersburg geboren, die russische Lebensstimmung vorwegzunehmen schien und der später, auf den beiden Reisen in die russische Wirklichkeit, den Dichter begleiten sollte, war eine Frau: Lou Andreas-Salomé. Ihr Name steht für ein maßgebliches Stück Schicksalslinie, eine entscheidende Wegwende in Rilkes Biographie. Er bezeichnet nicht nur das erste vollgültige Liebeserlebnis des damals 21jährigen, sondern auch das Glück, von einer gleichgestimmten und dennoch überlegenen Seele verstanden und geführt zu werden und in der Geliebten gleichzeitig die so schmerzlich entbehrte Muttergestalt gewahren zu dürfen, vor allem aber das große Thema einer durch Jahrzehnte beständigen Freundschaft unter Ebenbürtigen, ein unerschöpflich ergiebiges Vertrauensverhältnis, das erst durch den Tod des Dichters abgebrochen werden sollte.

Lou Salomé war am 12. Februar 1861 als Tochter eines russischen Generals, der von französischen Hugenotten abstammte, und einer deutschen Mutter zur Welt gekommen, war also im Augenblick ihrer Begegnung mit Rilke 36 Jahre alt. Im Jahre 1887 hatte sie Friedrich Carl Andreas (1846–1930) geheiratet, einen Professor für westasiatische Sprachen (in Berlin, später, ab 1903, in Göttingen). Am 5. Februar 1937 ist sie gestorben. Ehe sie den jungen Dichter kennenlernte, ist ihre Freundschaft für einen anderen Mann genialen

Ranges von Bedeutung gewesen, für Friedrich Nietzsche, dem sie den Schmerz zufügen mußte, vergeblich um ihre Hand angehalten zu haben. In späteren Jahren hat ihre Leidenschaft für psychiatrische und speziell psychoanalytische Probleme sie auch mit Sigmund Freud zusammengeführt, und dessen Lehre ist mehr und mehr in den Mittelpunkt ihrer Interessen gerückt. Die Bekanntschaft mit Rilke kam gegen Mitte Mai 1897 in München zustande, wo Lou Ende April, von ihrem Wohnsitz Schmargendorf bei Berlin kommend, zu einem längeren Aufenthalt eingetroffen war. Rilke hatte sich mit Ehrerbietung um eine Audienz bei der «berühmten Schriftstellerin», der Verfasserin eines Nietzschebuches und der damals sehr beliebten Erzählung «Ruth», bemüht, aber schon die ersten seiner Briefe, die aus diesen Wochen erhalten sind, ergehen sich in einem Ton zwischen Respekt und werbender Schwärmerei. Zwischen dem 6. und dem 8. Juni wird das zärtliche Sie seiner Anrede durch ein inbrünstiges Du verdrängt:

Durch Dich will ich die Welt sehen; denn dann sehe ich nicht die Welt, sondern immer nur Dich, Dich, Dich! . . .
Ich hab Dich nie anders gesehen, als so, daß ich hätte beten mögen zu Dir. Ich hab Dich nie anders gehört, als so, daß ich hätte glauben mögen an Dich. Ich hab Dich nie anders ersehnt, als so, daß ich hätte leiden mögen um Dich. Ich hab Dich nie anders begehrt, als so, daß ich hätte knien dürfen vor Dir.

Die «Anbetung» der mütterlichen Frau geschieht hier in einer unverblümt religiösen Ausdrucksweise. Die Hitze der erotischen Huldigung steigert sich bis zu mystischer Glut, die Sprache greift nach den uralten Mustern einer mystischen Rhetorik. So vor allem in einem sehr bekannten, scheinbar an «Gott» gerichteten Gedicht des *Stundenbuchs*, das nach Lous Erinnerung schon im Sommer 1897 entstanden und an s i e adressiert ist:

> *Lösch mir die Augen aus: ich kann dich sehn,*
> *wirf mir die Ohren zu: ich kann dich hören,*
> *und ohne Füße kann ich zu dir gehn,*
> *und ohne Mund noch kann ich dich beschwören.*
> *Brich mir die Arme ab, ich fasse dich*
> *mit meinem Herzen wie mit einer Hand,*
> *halt mir das Herz zu und mein Hirn wird schlagen,*
> *und wirfst du in mein Hirn den Brand,*
> *so werd ich dich auf meinem Blute tragen —*

Am 14. Juni zogen Rilke und Lou mit deren Freundin Frieda von Bülow zusammen in das ländliche Wolfratshausen im Isartal hinaus und verbrachten dort, zeitweise in Gesellschaft des Architekten Endell und anderer Freunde, den Sommer. Anfang September ging Rilke nach München zurück, und Lou reiste zu Freunden nach Hallein. Als Lou am 1. Oktober heimkehrte nach Berlin, vertauschte auch Rilke die bayerische mit der preußischen Hauptstadt und nahm sich

Lou Andreas-Salomé

zunächst in Wilmersdorf eine Wohnung, die bis zum Juli des folgenden Jahres gültig bleiben sollte. Auch in Berlin besuchte er Vorlesungen, hörte den Philosophen Georg Simmel, den Historiker Kurt Breysig und studierte die Kunstgeschichte der italienischen Renaissance, war aber mehr in Museen, Ausstellungen und Theatern zu finden als in den Hörsälen der Universität. Die Begegnung mit George im Hause von Reinhold und Sabine Lepsius fällt in diese Zeit (14. November 1897), aber obwohl Rilke sich in einem Brief an den älteren Dichter den *Vorzug erbittet, dem engeren, von den Mitgliedern erkorenen Leserkreis der «Blätter für die Kunst» anzugehören,* und trotz einer baldigen Erneuerung der Bekanntschaft, im April 1898 in Florenz, will keinerlei lebhaftere Beziehung zustande kommen.

Das Verhältnis zu Lou ist für einige Zeit die alles überwiegende menschliche Bindung, drei volle Jahre beherrscht das Gestirn dieser Freundschaft seine Lebensbahn. Als er im April 1898 über Arco am Gardasee, wo er seine Mutter besucht, nach Florenz reist, um sich an Ort und Stelle in italienische Kunst zu vertiefen, gibt er einem dort entstehenden Tagebuch die Form eines Reiseberichts für die geliebte Frau. Landschaften, Kunstwerke, Meditationen und Aphorismen über alles, was ihn beschäftigt, sollen gewissermaßen ihr zuliebe gedacht und erlebt worden sein. Schon glaubt man seiner Sprache einen Zuwachs an Präzision und Disziplin anzumerken, schon beginnt seine Einbildungskraft sich auf einige wesentliche Motive zu konzentrieren: Künstlertum, Mutterschaft, Tod, Geschichte, das, was er «Gott» nennt, und das Gleichgewicht, das «harmonische Ganze» von Leben und Tod. Aber alles dies, alle diese Fortschritte sind für sein eigenes Gefühl immer noch unzulängliche Anstrengungen, um den inneren Vorsprung der Freundin einzuholen, ihrer Überlegenheit ein wenig näherzukommen. Das *Florenzer Tagebuch* wird im Mai 1898 in Viareggio an der ligurischen Küste fortgesetzt und erst Anfang Juli, nach dem Abschied von Italien und einer neuen Reise über Prag und Berlin nach Zoppot, eben hier, *am Rande eines kühleren Meeres,* abgeschlossen. Gegen Ende der Niederschrift wendet sich der Autor noch einmal, wie zu Anfang, in direkter Anrede an Lou, um ihr das neue Buch, von dem er glaubt, daß es ein «Sieg» ist, wie eine Opfergabe darzubringen:

Deine Saiten sind reich; und wie weit ich auch gehen mag — D u b i s t w i e d e r v o r m i r. Meine Kämpfe sind Dir längst Siege geworden, darum bin ich manchmal so klein vor Dir; aber meine neuen Siege gehören Dir mit, und mit ihnen darf ich Dich beschenken. Ich bin über Italien auf weitem Weg zu dem Gipfel gegangen, den dieses Buch bedeutet. Du hast ihn in raschen Stunden erflogen und standest, noch ehe ich ganz oben war, an seiner klarsten Spitze. Ich war hoch, aber noch inmitten von Wolken; Du wartetest über ihnen im ewigen Glanz . . .

Am 31. Juli 1898 gab Rilke sein Wilmersdorfer Zimmer auf, um sich in unmittelbarer Nähe des Ehepaars Andreas niederzulassen: in der Villa Waldfrieden in Schmargendorf, die bis Anfang Oktober 1900 sein fester Wohnsitz geblieben ist. Ein paar Zeilen aus Lous Lebenserinnerungen geben eine Vorstellung von der Szenerie und der Art des nachbarlichen Zusammenlebens:

«Rainer teilte ganz unsere bescheidene Existenz am Schmargendorfer Waldrande bei Berlin, wo in wenigen Minuten der Wald in Richtung Paulsborn führte, vorbei an zutraulichen Rehen, die uns in die Manteltaschen schnupperten, während wir uns barfuß ergingen — was mein Mann uns gelehrt hatte.»

In diesem Jahre entstanden alle Gedichte einer Sammlung von Liebeslyrik für die Freundin, die den Titel *Dir zur Feier* tragen sollte, aber vom Autor nie veröffentlicht worden ist. Ferner fast der gesamte Bestand des Bandes *Mir zur Feier*, den Rilke gelegentlich für seine erste nennenswerte Arbeit erklärte und 1899 mit dem Buchschmuck des Worpsweder Malers Heinrich Vogeler und übrigens zum ersten Male unter dem verdeutschten Namen Rainer herausbrachte. Auch *Die weiße Fürstin* stammt aus dieser Zeit, eine schon in Viareggio konzipierte dramatische Szene hochtragischen Gehalts, das Thema Liebe und Tod in einer fiebrig exaltierten und gleichzeitig preziös überfeinerten und verstiegenen Behandlung. Eine Prunkvilla mit Terrasse am Meer, 16. Jahrhundert, eine Frau, die sich in elfjähriger unvollzogener Ehe aufgespart hat für den Einen, der kommen soll, und der Pesthauch des schwarzen Todes, der im kritischen Augenblick alles für immer vereitelt. Der neue Versband ist in mehrere Gruppen eingeteilt, die unter so charakteristischen Überschriften wie *Engellieder, Mädchen-Gestalten, Lieder der Mädchen, Gebete der Mädchen zu Maria* oder unter Mottogedichten wie *Das ist die Sehnsucht: wohnen im Gewoge* oder *Unsere Träume sind Marmorhermen* zusammengefaßt sind. Ein unersättliches Schmachten und Buhlen mit femininen und oft genug infantilen Gefühlslagen paart sich mit einem ebenso unersättlichen, schon jetzt virtuos ausgebildeten Reimvermögen und verströmt sich in zahllosen raschen Gelegenheiten. Manche dieser Gedichte sind sehr bekanntgeworden, und nicht ohne Grund. Denn was sie darstellen, ist nicht die Kitschblüte irgendwelcher Duodezgefühle, sondern nicht selten nur die sentimentale Frühfassung eines bedeutenden Motivs. Da gibt es einen Sechsziler, der schon jetzt das spätrilkesche Thema des «Bezugs», der magischen Alleinheit eines beseelten Weltinnenraums, andeutend vorwegnimmt:

«Mir zur Feier» (1899)

> *Kann mir einer sagen, wohin*
> *ich mit meinem Leben reiche?*
> *Ob ich nicht auch schon im Sturme streiche*
> *und als Welle wohne im Teiche,*
> *und ob ich nicht selbst noch die blasse, bleiche*
> *frühlingfrierende Birke bin?*

Das Thema ist sich treu geblieben, der Ausdruck freilich strenger, gewichtiger, objektiver geworden, wenn Rilke 16 Jahre später, im Juni 1914, ein Gedicht wie *Waldteich, weicher, in sich eingekehrter* — niederschreibt:

> *O hab ich keine Haine*
> *in der Brust? kein Wehen? keine*
> *Stille, atemleicht und frühlinglich?*
>
> *Bilder, Zeichen, dringend aufgelesen,*
> *hat es euch, in mir zu sein, gereut? —*
>
> *Oh, ich habe zu der Welt kein Wesen,*
> *wenn sich nicht da draußen die Erscheinung,*
> *wie in leichter vorgefaßter Meinung,*
> *weither heiter in mich freut.*

Die seit längerer Zeit geplante, schon im Sommer 1898 brieflich erwähnte erste Rußlandreise wurde im Frühjahr 1899 endlich verwirklicht. Am 25. April machte man sich zu dritt: Rilke, Lou und ihr Mann, von Berlin aus auf den Weg, am 27. April, dem Gründonnerstag des orthodoxen Kalenders, war man in Moskau und wurde schon am 28. abends von dem großen, damals 71jährigen Leo Tolstoi empfangen. Die Osternacht wurde im Kreml gefeiert, ein Ereignis von hinreißender Gewalt, das dem Dichter sein Leben lang denkwürdig bleiben wird. *Mir war ein einziges Mal Ostern,* so schreibt er fünf Jahre später von Rom aus an Lou:

Das war damals in jener langen, ungewöhnlichen, ungemeinen, erregten Nacht, da alles Volk sich drängte, und als der Iwan Welikij mich schlug in der Dunkelheit, Schlag für Schlag. Das war mein Ostern, und ich glaube, es reicht für ein ganzes Leben aus; die Botschaft ist mir in jener moskauer Nacht seltsam groß gegeben worden, ist mir ins Blut gegeben worden und ins Herz.

Rilke macht die Bekanntschaft des russischen Malers Leonid Pasternak und des hochberühmten Elia Repin; vom 4. Mai bis zum 17. Juni ist er in Petersburg, wohnt bei Lous Verwandten und verbringt bewegte und eindrucksvolle Wochen mit *Bildern und Menschen*, fährt noch einmal für drei Tage nach Moskau. Die Heimreise führt über Danzig und Zoppot, am 1. Juli ist er wieder in Berlin.

Dieses erste Rußlanderlebnis war bei aller Intensität zu fragmentarisch gewesen, als daß es nicht nach Vertiefung und Erweiterung durch theoretische Bemühungen verlangt hätte. Rilke und Lou entschlossen sich, systematische Studien zu treiben, um eine zweite Reise gründlich vorzubereiten. Während eines sechswöchigen Aufenthalts auf dem «Bibersberg» bei Meiningen, dem Sommersitz der gemeinsamen Freundin Frieda von Bülow, stürzte man sich mit solchem Feuereifer auf die wissenschaftliche Arbeit, daß die Gastgeberin sich vernachlässigt fühlen mußte. «Von Lou und Rainer», so klagt sie in einem Brief vom 20. September: «hab ich bei diesem sechswöchigen Zusammensein äußerst wenig gehabt. Nach der längeren russischen Reise, die sie in diesem Frühjahr (inkl. Loumann) unternommen, hatten sie sich mit Leib und Seele dem Studium des Russischen verschrieben und lernten mit phänomenalem Fleiß den ganzen Tag: Sprache, Literatur, Kunstgeschichte, Weltgeschichte, Kulturgeschichte von Rußland, als ob sie sich für ein fürchterliches Examen vorbereiten müßten. Kamen wir dann bei den Mahlzeiten zusammen, so waren sie so erschöpft und müde, daß es zu *anregender* Unterhaltung nicht mehr langte.»

Die zweite, ausführlichere Rußlandreise, die auch den Süden des Landes einbeziehen sollte, wurde am 7. Mai 1900, wieder von Berlin aus, angetreten. Diesmal war Rilke mit Lou allein. Vom 9. bis zum 31. Mai blieb man in Moskau, wandte sich dann nach Tula, um von dort aus zu versuchen, den Grafen Tolstoj auf seinem Landsitz Jasnaja Poljana wiederzusehen. Die abenteuerlich beschwingte Stimmung dieser Tage und die Ehrfurcht vor der Wesensmacht des großen russischen Dichters kommt in einem Briefe Rilkes an Sofia Nikolajewna Schill, eine in Moskau lebende Schriftstellerin, lebhaft zum Ausdruck:

Wir fuhren zurück bis Jasinki, mieteten dort einen Wagen und jagten mit atemlosen Glocken bis an den Rand des Hügels heran, auf welchem die armen Hütten von Jasnaja stehen, zu einem Dorfe zusammengetrieben, aber doch ohne Zusammenhang, wie eine Herde, die traurig auf abgebrauchtem Weideland herumsteht. Gruppen von Weibern und Kindern sind nur rote, sonnige Flecken in dem gleichen Grau, das über Boden, Dächern und Mauern liegt wie eine sehr üppige Moosart, die seit Jahrhunderten alles überwächst. Dann senkt sich die kaum erkennbare, ewig unter leeren Plätzen hinfließende Straße, und ihr grader Streifen gleitet sanft in ein grünes, von Wipfeln schäumendes Tal, in welchem links zwei runde mit grünen Kuppeln überdeckte Türmchen den Eingang des alten, verwilderten Parkes bezeichnen, in dem verheimlicht das einfache Haus von Jasnaja Poljana liegt. Vor diesem Tore steigen wir ab und gehen leise wie Pilger die stille Waldstraße hinauf, bis das Haus immer weißer und länger hervortritt. Ein Diener bringt unsere Karten hinein. Und in einer Weile sehen wir hinter der Tür im dämmerigen Vorraum des Hauses die Gestalt des Grafen. Der älteste Sohn öffnet die Glastür, und wir stehen dem Grafen gegenüber, dem greisen Manne, zu dem man immer wie ein Sohn kommt, selbst wenn man nicht unter

Moskau: der Kreml

der Gewalt seiner Väterlichkeit bleiben will. Er scheint kleiner geworden, gebeugter, weißer, und wie unabhängig von dem greisen Körper erwartet das schattenlos klare Auge die Fremdlinge und prüft sie mit Absicht und segnet sie unwillkürlich mit irgendeinem unsagbaren Segen...

Später kommt es dann zu einem gemeinsamen Spaziergang durch den Park: *Wir gehen langsam die eng umwachsenen langen Wege entlang in reichem Gespräch, das, wie damals, vom Grafen Wärme und Bewegung empfängt. Er spricht russisch, und wo der Wind mir nicht die Worte verdeckt, verstehe ich jede Silbe. Er hat die linke Hand unter seiner Wolljacke in den Gürtel geschoben, die Rechte ruht auf der Krücke des Stockes, ohne sich schwer aufzustützen, und er bückt sich von Zeit zu Zeit, um mit einer Bewegung, als wollte er eine Blume mit dem um sie stehenden Duft einfangen, ein Kraut zu pflücken, aus der hohlen Hand trinkt er das Arom und läßt dann im Sprechen die leere Blume achtlos fallen in den vielen Überfluß des wilden Frühlings, der dadurch nicht ärmer geworden ist. — Das Gespräch geht über viele Dinge. Aber alle Worte gehen nicht v o r n an ihnen vorüber, an den Äußerlichkeiten, sie drängen sich hinter den Dingen im Dunkel durch. Und der tiefe Wert von jedem ist nicht seine Farbe im Licht, sondern das Gefühl, daß es aus den Dunkelheiten und Geheimnissen kommt, aus denen wir alle leben. Und jedesmal, wenn in dem Klange des Gesprächs das Nichtgemeinsame bemerkbar wurde, ging irgendwo ein Ausblick auf auf helle Hintergründe tiefer Einigkeit... Manchmal im Wind wuchs die Gestalt des Grafen; der große Bart wehte, aber das ernste, von der Einsamkeit gezeichnete Gesicht blieb ruhig, wie unberührt vom Sturm...*

Von Tula aus geht es nach dem heiligen Kiew, wo man genau 14 Tage verweilt. Rilke empfängt nachhaltige Eindrücke durch Kunst und Geschichte, die Frömmigkeit des Volkes überwältigt ihn so sehr, daß er selber sich in religiöse Prozessionen einreiht, die Kerze in der Hand. Dann zu Schiff auf dem Dnjepr nach Krementschug, von da aus nordostwärts über Poltawa und Charkow nach Woronesch, dann in östlicher Richtung nach Saratow an der Wolga. Vom 25. Juni bis zum 2. Juli früh reist man mit dem Dampfer stromaufwärts über Simbirsk, Kasan, Nishnij Nowgorod nach Jaroslawl. Drei unvergeßliche Tage verbringt das Paar unter den Bauern eines nahe bei Jaroslawl gelegenen Dorfes, am 6.

Tolstoi in seinem Arbeitszimmer

Juli ist es wieder in Moskau und bleibt bis zum 18. Ein letzter Höhepunkt der Reise war der gemeinsame Besuch bei dem Bauerndichter Spiridon Droschin (1848 – 1930), von dem Rilke schon Lyrik übersetzt und veröffentlicht hatte, in Nisowka an der oberen Wolga und bei dessen Gutsherrn, dem Grafen Nikolai Tolstoj. *Mit diesen Tagen,* so schrieb Rilke an Sofia Schill, *tun wir einen großen Schritt auf das Herz Rußlands zu, nach dessen Schlägen wir schon lange hinhorchen im Gefühl, daß dort die richtigen Taktmaße sind auch für unser Leben.* Ende Juli wieder in Petersburg, wo man sich für drei Wochen trennen muß. Lou reist zu ihren Angehörigen nach Finnland, Rilke bleibt in der Stadt, arbeitet in Bibliotheken, hat Umgang mit Künstlern und Intellektuellen. Trotzdem nimmt er die kurze Trennung von der Geliebten beinah leidenschaftlich schwer und fleht sie um beschleunigte Rückkehr an. Am 22. August besteigt man gemeinsam den Zug nach Berlin.

Rilke hat in diesen Jahren alles Russische mit Inbrunst in sich aufgenommen, große Literatur und mittelmäßige Malerei, hat vieles übersetzt, Tschechow, etwas Dostojewskij, später auch Lermontow, er hat selber eine Reihe von Gedichten in russischer Sprache geschrieben und noch 1902 das alte Heldenlied «Sang von Igors Zug» ins Deutsche zu übertragen versucht. *Daß Rußland meine Heimat ist*, so heißt es in einem Briefe an Lou vom 15. August 1903, *gehört zu jenen großen und geheimnisvollen Sicherheiten, aus denen ich lebe.* Es ist nicht das einzige Land, in dem er sich selber Heimatrecht zusprechen wollte, er zählt, in einem Brief an «eine junge Freundin» (17. März 1926):

mehrere Länder, in denen ich, durch eine wiederholte Geduld und Langmut meines Schicksals, nicht nur, als Reisender, mich habe aufhalten, sondern wo ich wirklich habe w o h n e n dürfen, unter den lebhaftesten Anschlüssen an die Gegenwart und Vergangenheit dieser Länder.

Aber derselbe, wenige Monate vor dem Tode geschriebene Brief bekennt auch:

Rußland (Sie erkennen das in Büchern, wie etwa dem Stundenbuch) wurde, in gewissem Sinne, die Grundlage meines Erlebens und Empfangens, ebenso wie, vom Jahre 1902 ab, Paris — das unvergleichliche — zur Basis für mein Gestaltenwollen geworden ist.

Weder Prag noch München, noch Berlin hat Rilke als Heimat empfinden können. Heimat bedeutet für ihn die Gesamtheit der humanen Gegebenheiten in einer eigentümlich «vertraulichen» oder «innigen» Aufgeschlossenheit. Heimat ist das Ganze des Seins in offenbarender Gestalt, in einer durch das Gefühl kanonisierten Verfassung. Die Stimmungen des Seins können wechseln, sie können Paris, Toledo, Schweden oder Italien heißen. Wo Rußland in Frage steht, da ist es etwas formlos Elementares, eine brüderlich-gewaltige Konstellation von «Gott», «Volk» und «Natur». Es ist der «Schöpfungs»-Charakter des Seins, wie der junge Dichter, in einer Petersburger Aufzeichnung vom 31. Juli 1900, ihn beschreibt:

Auf der Wolga, diesem ruhig rollenden Meer, Tage zu sein und Nächte, viele Tage und viele Nächte. Ein breit-breiter Strom, hoher, hoher Wald an dem einen Ufer, an der anderen Seite tiefes Heideland, darin auch große Städte nur wie Hütten und Zelte stehen. — Man lernt alle Dimensionen um. Man erfährt: Land ist groß, Wasser ist etwas Großes, und groß vor allem ist der Himmel. Was ich bisher sah, war nur ein Bild von Land und Fluß und Welt. Hier aber ist alles selbst. — Mir ist, als hätte ich der Schöpfung zugesehen; wenige Worte für alles Sein, die Dinge in den Maßen Gottvaters...

Rilke hat diese neu gewonnene Gewißheit niemals verleugnet, auch unter der Herrschaft seiner zweiten und scheinbar so gegensätzlich gestimmten Wahlheimat Paris ist sie ihm heilig geblieben. In einer Zeit, als schon Rodin und die Antike im Vordergrund seines Bewußtseins stehen, und der Inbegriff des Seins, die letztgültige Wesensdichte der Welt, für ihn nicht mehr «Gott» heißt, sondern «Ding», hat er seinen urpersönlichen Rußland-Mythos nicht preisgegeben, sondern mit dem Paris-Mythos auf einen Nenner zu bringen versucht. So in dem schon erwähnten Brief an Lou vom 15. August 1903:

Ähnlich groß sind ja auch die gotischen Dinge, die, obwohl sie zeitlich viel näher stehen, ebenso entlegen sind, ebenso namenlos, ebenso selbständig in ihrer Einsamkeit, ursprungslos wie die Dinge in der Natur. Sie und was aus den Händen Rodins kam, führte uns bis zu den fernsten Kunst-Dingen hin, bis zu dem Vorgriechischen, in dessen Wesen seine skulpturale Rücksichtslosigkeit liegt, eine Dinghaftigkeit, schwer wie aus Blei, bergartig und hart. Verwandtschaften deckten sich auf, die so noch niemand empfunden hat, Zusammenhänge banden sich und schlossen die Ströme, die durch die Zeiten gehen, und die Geschichte unendlicher Geschlechter von Dingen ließ sich unter der

Rilke, Lou Andreas-Salomé und der russische Bauerndichter Spiridon Droschin

Menschengeschichte ahnen, wie ein Gefüge langsamerer und ruhigerer Entwicklungen, die tiefer, inniger und unbeirrter geschehen. In diese Geschichte, Lou, wird sich vielleicht einmal der russische Mensch einfügen, welcher, wie Rodin es als ein Schaffender tut, als ein Werdender und Duldender von den Dingen abstammt und ihnen verwandt ist, blutsverwandt. Das Abwartende in dem Charakter des russischen Menschen (das des Deutschen sich wichtig fühlende Geschäftigkeit am Unwichtigen Trägheit nennt —) erhielte so eine neue und sichere Aufklärung: vielleicht ist der Russe gemacht, die Menschen-Geschichte vorbeigehen zu lassen, um später in die Harmonie der Dinge einzufallen mit seinem singenden Herzen. Nur zu dauern hat er, auszuhalten und wie der Geigenspieler, dem noch kein Zeichen gegeben ist, im Orchester zu sitzen, vorsichtig sein Instrument haltend, damit ihm nichts widerfahre . . .

Bis in die großen Erntetage im Februar des Jahres 1922, in denen die *Duineser Elegien* vollendet wurden und das ganze Corpus der *Sonette an Orpheus* entstand, hat das Rußland-Motiv den Dichter begleitet: ein Ereignis, das an seinen biographischen Zeitpunkt nicht gebunden ist. Was auf der frühen Entwicklungsstufe des *Stundenbuches* schon einmal so reiche dichterische Früchte getragen hatte: nun vergegenwärtigt es sich von neuem in der klaren und kühnen

Sprache der Meisterschaft und wird in die orphischen Zusammenhänge von «Singen» und «Hören» versetzt:

> Dir aber, Herr, o was weih ich dir, sag,
> der das Ohr den Geschöpfen gelehrt? —
> Mein Erinnern an einen Frühlingstag,
> seinen Abend, in Rußland —, ein Pferd ...

> Herüber vom Dorf kam der Schimmel allein,
> an der vorderen Fessel den Pflock,
> um die Nacht auf den Wiesen allein zu sein;
> wie schlug seiner Mähne Gelock

> an den Hals im Takte des Übermuts,
> bei dem grob gehemmten Galopp.
> Wie sprangen die Quellen des Rossebluts!

> Der fühlte die Weiten, und ob!
> Der sang und der hörte —, dein Sagenkreis
> war in ihm geschlossen.
>
> Sein Bild: ich weih's.

So lautet im ersten Teil des orphischen Zyklus das 22. Sonett.
In einem freudig erregten Brief an Lou vom 11. Februar 1922, der
die Vollendung der Elegien bekannt gibt, meldet Rilke auch die Ent-
stehung dieses Gedichts:

*Und stell Dir vor, noch e i n s, in einem anderen Zusammenhang,
eben vorher (in den «Sonetten an Orpheus», fünfundzwanzig Sonetten, geschrieben, plötzlich, im Vor-Sturm, als ein Grab-Mal für
Vera Knoop) schrieb ich, m a c h t e das P f e r d, weißt Du, den
freien, glücklichen Schimmel mit dem Pflock am Fuß, der uns einmal, gegen Abend, auf einer Wolga-Wiese im Galopp entgegen-
sprang—:*

wie

*hab ich ihn gemacht, als ein «Ex-voto» für O r p h e u s ! — Was ist
Zeit? — W a n n ist Gegenwart? Über so viel Jahre sprang er mir,
mit seinem völligen Glück, ins weit offne Gefühl.*

Der lebenslangen Beständigkeit der russischen Erlebniswerte entspricht die fast ununterbrochene Kontinuität der Freundschaft zu seiner Reisebegleiterin von einst. Nur einmal, zu Anfang des Jahres
1901, als Rilke im Begriff war, ganz und gar in seinem neuen Worpsweder Freundeskreise aufzugehen, ist es zu einer Art von Krise mit
Lou gekommen, und im Briefwechsel klafft eine Lücke von fast zwei-
einhalb Jahren. Ein «letzter Zuruf» von seiten der Freundin, die
nun nicht mehr Geliebte ist, ergeht sich in verworrenen, wenn nicht
peinlichen Spekulationen über die Gefahren seiner übermäßig empfindsamen Natur, die sie von einer seelischen Erkrankung bedroht
wissen will, und schließt mit einem Reisesegen für die Zukunft:

1900

«und weiß nun sehr klar und rufe Dir zu: gehe denselben Weg Deinem dunklen Gott entgegen! Er kann, was ich nicht mehr tun kann an Dir...» (21. Februar 1901)

Man löst sich voneinander mit dem «Gelöbnis», nicht mehr zu schreiben, «es sei denn in der Stunde höchster Not». Schon in den Anfängen der Pariser Zeit ist die Beziehung vollauf wiederhergestellt, und es werden Augenblicke kommen, in denen niemand auf der ganzen Welt dem Dichter so nahe zu stehen scheint wie diese Lou, in denen sie als Einzige ermächtigt ist, seiner Einsamkeit gegenüber die Rolle der vox humana zu übernehmen:

Ich sage mir oft, daß ich nur durch Dich mit dem Menschlichen zusammenhänge, in D i r ist es mir zugekehrt, ahnt mich, a t m e t m i c h an; überall sonst komm ich doch hinter seinem Rücken heraus und kann mich ihm nicht kenntlich machen.

Aus einem Brief aus Ronda vom Dreikönigstag 1913. Und Lou, in einer ihrer Antworten aus diesen Tagen, darf ihm unbefangen entgegenkommen mit Worten wie: «Mein lieber, lieber Junge!»

WORPSWEDE UND WESTERWEDE

Zwischen dem zweiten Aufenthalt in Rußland und der ersten Ankunft in Paris am 18. August 1902 liegen die zwei Jahre, die Rilke zum größten Teil im Umkreis der damals blühenden Künstlerkolonie Worpswede verbringt: im Austausch mit neuen Freunden und Frauen und schließlich sogar als Gründer eines eigenen Hausstands, als Gatte einer jungen Künstlerin und Vater ihres einzigen Kindes. Es war ein kurzfristiger Versuch, die Ungebundenheit einer lebenslangen Pilgerschaft zu überwinden, in einer geliebten Landschaft nicht nur innerliche, sondern auch bürgerliche Heimatrechte zu erwerben und die oft so schmerzlich empfundene «Schicksallosigkeit» seiner Seele durch die Einwilligung in ein eheliches Schicksal gewissermaßen eines Besseren zu belehren. Worpswede, ein unscheinbarer, zwischen Bremen und Hamburg gelegener Marktflecken, war um 1900 zum Vorort und Inbegriff eines fortschrittlichen Stilwillens geworden. Eine neue, akademiefeindliche Landschaftsmalerei hatte die Ebene und ihren riesigen Himmel entdeckt, das Moor und die Heide und den eigentümlichen Wuchs und Kontur eines schwergliedrigen und in sich gekehrten Menschenschlags, wie er nur in dieser Umwelt gedeihen konnte. Eine merkwürdige Mischung aus naturseliger Bodenständigkeit und dem charakteristischen fin de siècle-Geschmack für die schmachtende Verfeinerung und Verzärtelung des inneren Lebens drängte nach Ausdruck und wollte sich als einen revolutionären Durchbruch zur «Wirklichkeit» verstehen. Diese Kunst hatte etwas von jenem Barfußlaufen gefühlstrunkener und von lauter Unsäglichkeiten bewegter Kulturmenschen, wie Rilke und Lou es in Schmargendorf und auf den Wiesen am Ufer der Wolga so oft und gerne geübt hatten, und eben durch seine Rußlandreisen wußte sich der Dichter auf das Malerdorf in der norddeutschen Tiefebene wesentlich vorbereitet. Wie sehr das dort formulierte Naturerlebnis, und wie sehr auch der dort gepflogene Umgangston seiner eigenen Stimmung entsprach, das hat er alsbald in einem kleinen Buch bekenntnishaft und kameradschaftlich zur Sprache gebracht: in einer Sammlung von lyrischen Essays, die er über die Maler Otto Modersohn, Fritz Mackensen, Fritz Overbeck, Hans am Ende und Heinrich Vogeler schrieb und 1903 unter dem Titel *Worpswede* veröffentlichte.

Der erste von den jungen Malern, mit dem Rilke in Berührung kam, war der seit 1894 in Worpswede lebende Heinrich Vogeler (1872—1942). Man hatte sich schon im Frühjahr 1898 in Florenz kennengelernt, und Vogeler hatte den Dichter in den Weihnachtstagen desselben Jahres in seinem schönen Hause «Barkenhoff» zum ersten Male zu Gast. Man begeisterte sich füreinander und machte gemeinsame Pläne, von denen im Laufe der Zeit nur wenige verwirklicht werden konnten, doch zeugt noch Jahre später die dem *Marien-Leben* vorangestellte, erst 1912 in Duino verfaßte Widmung: *Heinrich Vogeler dankbar für alten und neuen Anlaß zu diesen Versen* für die einstige Herzlichkeit der Beziehungen. Im Sommer 1900 wiederholte Vogeler seine Einladung an den Dichter, und dieser reiste schon am Tage nach seiner Heimkehr aus Petersburg weiter nach Worpswede. Er blieb diesmal etwas länger als einen Monat und fuhr erst am 5. Oktober nach Berlin zurück.

In seinem «Schmargendorfer» und im «Worpsweder» Tagebuch — das erste umfaßt die Tage bis zum 26. September, das zweite die Zeit vom 27. September bis zum Ende des Jahres — hat Rilke diese festlich bewegten, mit Erlebnissen, Denkwürdigkeiten und zärtlichschwärmerischer Geselligkeit überfüllten Wochen ausführlich geschildert. Niemals zuvor und niemals hernach hat ihn das Glück des Jungseins unter einer Schar von gleichgesinnten jungen Leuten so tief und vorbehaltlos gefangennehmen können wie in diesem Spätsommer des Jahres 1900. Niemals wieder hat ihn der embarras de richesse eines allseitig erschlossenen, von Augenblick zu Augenblick gesteigerten Lebens so sehr überwältigt. Alles ist voller Fabel und Figur, die Zeit eine ununterbrochene Kette von hochgestimmten, ja berauschenden Tagen. *Wo soll ich beginnen?* muß er sich fragen: *Wo ist der Fadenanfang in diesen dunkelbunten Geweben von Erlebnissen und Erinnerungen?* Was auch immer geschieht: diese Hauskonzerte im weißen Musiksalon, die Lesestunden, in denen der Fremdling einer überaus empfänglichen Hörerschaft seine Gedichte vortragen darf, die spontanen Besuche von Galerien und Ausstellungen, die durchschwärmten Nächte mit wilden, jagenden Streifzügen von Atelier zu Atelier, und wenn der Morgen graute, wurden Überlandfahrten in hochbockigen Kutschen improvisiert, die unersättlichen Gespräche, in denen man sich aufs innigste versteht und frühe Erfahrungen austauscht über die Geheimnisse von Leben und Tod, schließlich — Ende September — eine gemeinsame Reise nach Hamburg zur Pre-

miere eines neuen Stückes von Carl Hauptmann, der mit den Worps-
wedern befreundet ist —, nicht zu vergessen das große, unausfühl-
bare und täglich erneuerte Abenteuer der Landschaft: dies alles wird
wie «Schicksal» erlebt und scheint sich unter Sternen der Verheißung
zu vollziehen. Zwei junge Frauen sind maßgeblich beteiligt, eine
«blonde Malerin» und deren Freundin: eine hochgewachsene, dun-
kelhaarige Person, die in ihrem Atelier an faszinierenden Plastiken
arbeitet: Paula Becker, die spätere Frau Modersohns, und Clara
Westhoff, Tochter eines Bremer Kaufmanns, und beide sind schon
in Paris gewesen, und Clara hat bei Rodin studiert. Sie treten meistens paarweise, als «Schwestern» auf — *Dr. Hauptmann kommt
mit zwei Schwestern, einer blonden und einer dunklen, über den
Berg,* so werden sie eingeführt —, und es kann von Anfang an nicht
zweifelhaft sein, daß es ihre Gesellschaft ist, die den Verfasser dieser Tagebücher unwiderstehlich anzieht und ihm von Mal zu Mal
kostbarer wird. In einer Eintragung vom 10. September heißt es:
*. . . ganz in Weiß kamen die Mädchen vom Berg aus der Heide. Die
blonde Malerin zuerst, unter einem großen Florentiner Hut lächelnd.
Ich stand eben am Atelierfenster und reichte der Frau Freitag einen
schweren Farbentisch hinein. ‹Der Kampf mit dem Tisch› betitelte
die blonde Malerin diese Szene, dann begrüßte ich alle . . . Als wir
oben in der dunklen Diele standen und uns aneinander gewöhnten,
kam Clara Westhoff. Sie trug ein Kleid aus weißem Batist ohne
Mieder im Empirestil. Mit kurzer, leicht unterbundener Brust und
langen glatten Falten. Um das schöne dunkle Gesicht wehten die
schwarzen, leichten, hängenden Locken, die sie, im Sinn ihres Ko-
stüms, lose läßt zu beiden Wangen. — Das ganze Haus schmeichelte*

Wir wollen einen wie viele ausfinden
wenn sich alle entschließen in Winterabenden
zu dem Stück Worpswede zu kommen,
das Berlin in die Hand genommen,
ohne ihm weh zu leid zu thun.
Also fragen und bitten wir: Nun?

Rainer Maria
Clara Westhoff
Paula Becker

Schluß der Gedichtsammlung «In und nach Worpswede» (1899/1900)

Paula Becker und Clara Westhoff

ihr, alles wurde stilvoller, schien sich ihr anzupassen, und als sie
oben bei der Musik in meinem riesigen Lederstuhl lehnte, war sie
die Herrin unter uns. Ich sah sie an diesem Abend wiederholt schön.
Im Lauschen, wenn die manchmal zu laute Charakteristik ihres Ge-
sichtes gebunden ist an Unbekanntes...

Und später, nachdem der Abend in eine lärmende Ulkerei ausge-
artet zu sein schien:

Aber das Ende war doch schön, und die Mädchen in Weiß haben
das gemacht. Ich öffnete die Tür meines Zimmers, welches blau und
kühl wie eine Grotte dunkelte. Ich stieß mein Fenster auf, und da
kamen sie zu dem Wunder und lehnten hell in die Mondnacht hinaus, die ihre lachheißen Wangen kalt umgab... Halb Wissende,
d. h. Maler, halb Unbewußte, d. h. Mädchen. Erst faßt die Stimmung
sie, der ganze Ton dieser Nebelnacht mit dem fast vollen Monde
über den Pappeln, diese Stimmung von mattem beschlagenem Silber macht sie wehrlos und zwingt sie in das Mädchendasein, in das
dunkle, sehnsüchtige... Dann gewinnt der Künstler in ihnen Macht
und schaut und schaut, und wenn er tief genug geworden ist in seinem Schauen, sind sie wieder an der Grenze ihres eigenen Wesens
und Wunders und gleiten leise wieder in ihr Mädchenleben hinein...

Die atemlose Erregtheit dieser Wochen, die sich Tag für Tag wieder in vertraulichen Glücksmomenten und schmelzenden Traurigkeiten zu beruhigen scheint, im Grunde will sie doch auf etwas Endgültiges, Entscheidendes hinaus. Ein allgemeines Gefühl von bräut-
licher Erwartung liegt in der Luft: übers Jahr werden sechs von den
Freunden verheiratet sein. Nicht nur wird Heinrich Vogeler die schöne Martha Schröder — auch sie nach Rilkes Darstellung eine von Ge-

49

heimnis und scheuer Schweigsamkeit umwitterte Munchfigur — zur Herrin des Barkenhoffs gemacht haben, auch für den Dichter selbst, für Modersohn und die beiden «Schwestern» werden die Würfel gefallen sein.

Vieles spricht dafür, daß die eigentliche, mit einer Art von Leidenschaft erlebte Beziehung Rilkes damals die zu der «blonden Malerin» gewesen ist und nicht die zu Clara Westhoff, seiner späteren Frau. Wenn dieser Eindruck nicht trügt, so würde seine plötzliche und beinahe schroffe Abreise am 5. Oktober damit zusammenhängen, daß er in diesen Tagen von der Verlobung Paula Beckers mit Modersohn Kenntnis erhalten hat.[1] In der Tat werden die Besuche in Paulas «Lilienatelier» mit einer liebevollen Angelegentlichkeit geschildert, die das Niveau des ständigen Gerührt- und Ergriffenseins noch um einiges zu übertreffen scheint, und die dort geführten Gespräche kreisen um die zentralen Themen des Rilkeschen Denkens und Dichtens und zeugen von der Rückhaltlosigkeit des gegenseitigen Vertrauens:

Dann war ich im Lilienatelier. Tee erwartete mich. Eine gute und reiche Gemeinsamkeit in Gespräch und Schweigen. Es wurde wundersam Abend; wovon die Worte gingen: von Tolstoi, vom Tode, von Georges Rodenbach und Hauptmanns «Friedensfest», vom Leben und von der Schönheit in allem Erleben, vom Sterbenkönnen und Sterbenwollen, von der Ewigkeit und warum wir uns Ewigem verwandt fühlen. Von so vielem, das über die Stunde hinausreicht und über uns. Alles wurde geheimnisvoll. Die Uhr schlug eine viel zu große Stunde und ging ganz laut zwischen unseren Gesprächen umher. — Ihr Haar war von florentinischem Golde. Ihre Stimme hatte Falten wie Seide. Ich sah sie nie so zart und schlank in ihrer weißen Mädchenhaftigkeit. Ein großer Schatten ging durch die Stube ... erst über mich, dann über ihre helle Gestalt und über die glänzenden Dinge alle. Wir schauten nach den westlichen Fenstern hin. Aber es war niemand nah vorbeigegangen.

Und doch ist es schon wenige Zeilen später wieder die Doppelfigur der beiden Freundinnen, der seine Huldigung gilt, es ist das «Wunder», der Rilkesche Mythos des Mädchentums überhaupt.

Weder die eine noch die andere vermag ihm ein ganz unverhohlenes Liebesgeständnis zu entlocken. Im Grunde sind sie ihm beide gleich starke Anlässe für das Spiel der Gefühle, die sich selber genießen wollen, für den Balanceakt zweier Neigungen, die sich gegenseitig neutralisieren: *Und immer strebe ich, mit meinen wechselnden Worten ihre Seelen leise zu wiegen, und ohne daß eine Schale fällt, spielen sie in den beiden Ufern des Gleichgewichts.*

Diese sonderbare Unentschiedenheit in einer Lage, die nach bürgerlichen Begriffen eine hochverantwortliche Entscheidung verlan-

---

1 Diese These vertritt und begründet ausführlich H. W. Petzet in seinem Buch: «Das Bildnis des Dichters. Paula Becker-Modersohn u. R. M. Rilke.» Frankfurt/Main 1957.

gen würde, läßt die innere Verfassung eines Menschen erkennen, der, wo er liebt, sich darstellen will und alles gefühlte «Leben» in «Kunst» verwandeln muß. Künstler sein heißt: das «Leben» neutralisieren, heißt: im Akt der Hingabe gleichzeitig Distanz schaffen, und das niemals zu überwindende Dilemma der künstlerischen Existenz liegt in jener schicksalbildenden «Schicksallosigkeit», die Rilke in der Neunten Elegie mit den Worten: *Schicksal vermeidend, sich sehnen nach Schicksal* gekennzeichnet hat. So ist es möglich, daß dieser passionierteste Frauenlob der modernen Poesie niemals im Leben einer erotischen Passion verfallen, niemals einer Frau wahrhaft angehören konnte. In seinem Requiem für Paula Becker (1908) wird er die Formel finden:

> *Denn irgendwo ist eine alte Feindschaft*
> *zwischen dem Leben und der großen Arbeit,*

aber schon hier in Worpswede, wo er an beiden Freundinnen das Mit- und Gegeneinander von mädchenhafter «Sehnsucht» und künstlerischem «Schauen» rühmt, hat er denselben Zwiespalt im Auge. Alle Erlebnisberichte dieser Tagebücher sind Prosaübungen am Material der Sinne und Gefühle, es sind Versuche, sich selbst zu immer größerer Gerechtigkeit und Genauigkeit im Darstellen zu erziehen:

Wir gingen zusammen durch die Heide, abends im Wind. Und das Gehen in Worpswede ist jedesmal so: eine Weile wandert man vorwärts, in Gesprächen, welche der Wind rasch zerstört —, dann bleibt einer stehen und in einer Weile der andere. Es geschieht so viel. Unter den großen Himmeln liegen flach die dunkelnden farbigen Felder, weite Hügelwellen voll bewegter Erika, daran grenzend Stoppelfelder und eben gemähter Buchweizen, der mit seinem Stengelrot und dem Gelb seiner Blätter köstlichem Seidenstoff gleicht. Und wie das alles daliegt, nah und stark und so wirklich, daß man es nicht übersehen oder vergessen kann. Jeden Augenblick wird etwas in die sonnige Luft gehalten, ein Baum, ein Haus, eine Mühle, die sich ganz langsam dreht, ein Mann mit schwarzen Schultern, eine große Kuh oder eine hartkantige, zackige Ziege, die in den Himmel geht.

Auch Menschen können in diesem Sinne zum Gegenstand objektivierender Etüden werden: die Kraft des Fühlens, die «ursprünglich» auf ein lebendiges Mädchen gerichtet ist, sie ist doch im selben Augenblick schon etwas «Produktives» und im Begriff, sich als eine Leistung des k ü n s t l e r i s c h e n Vermögens zu verstehen, in die Abstand haltende Gesinnung des Dichters zu verwandeln.

Nach der Rückreise aus Hamburg, am 27. September schreibt Rilke in sein Tagebuch:

Schöne, stille Sternennacht, festlich und gut zur Heimkehr. Da entschloß ich mich, in Worpswede zu bleiben. Jetzt schon fühle ich, wie mit jedem Tage die Einsamkeit wächst, wie dieses Land, verlassen

Rilke und Clara
in Westerwede

von Farben und Schatten, immer größer wird, immer breiter und immer mehr Hintergrund für bewegte Bäume im Sturm. Ich will in diesem Sturm bleiben und alle Schauer fühlen dieses großen Ergriffenseins. Ich will Herbst haben. Ich will mich mit Winter bedecken und will mit keiner Farbe mich verraten. Ich will einschneien um eines kommenden Frühlings willen, damit, was in mir keimt, nicht zu früh aus den Furchen steige.

Wenige Tage später ist er wieder in Berlin und spricht von einer unumgänglichen dritten Rußlandreise, auf die er sich dort vorbereiten müsse, schreibt an Paula Becker:

Mir ist ja Rußland doch das geworden, was Ihnen Ihre Landschaft bedeutet: Heimat und Himmel...

Ganz ähnlich an Clara Westhoff:

Eure Heimat war mir, vom ersten Augenblick, mehr als nur eine gütige Fremde. War eben Heimat, d i e e r s t e H e i m a t, i n d e r i c h M e n s c h e n l e b e n s a h (sonst leben alle in der Fremde, alle Heimaten aber stehen leer...).

Und doch glaubt er sich noch einmal verwahren zu müssen. *Verstehen Sie*, schreibt er an die blonde Malerin: *daß es eine Untreue* st, wenn ich tue, als ob ich anderswo schon ganz erfüllt Herd und Heimat fände? Ich darf noch kein Häuschen haben, darf noch nicht wohnen. Wandern und Warten ist meines.

Rilke blieb also vorläufig in Schmargendorf, hatte übrigens inzwischen — Mitte Oktober — die Villa Waldfrieden mit einer anderen Wohnung in der Misdroyer Straße vertauscht. Dort besuchte ihn Paula Becker, als sie Anfang 1901 in Berlin war, eine Zeitlang jeden Sonntag. Auch die dunkle Schwester kam nach Berlin, die Worpsweder Konstellation schien wiederhergestellt, sei es in konflikthaft verquälter Form oder nicht. Nach Paulas Abreise faßten Rilke und Clara den Entschluß, die Ehe miteinander zu schließen: ein Ereignis, das auf Rilkes Seite die Kontinuität des inneren Lebens nicht unterbricht, und von dem innerhalb der überreichen Dokumentation, die wir für seine Lebensgeschichte besitzen, keinerlei Aufhebens gemacht wird. Mitte März, nach einem vorangegangenen Besuch bei der Mutter am Gardasee, ist er in Bremen, am 28. April findet die Trauung statt. In Westerwede, nicht weit von Worpswede entfernt, richten sich die Eheleute in einem Bauernhaus eine Wohnung ein, die den künstlerischen Bedürfnissen jedes einzelnen gerecht werden soll. Was eine Ehe ist, darüber hat man sehr bestimmte und vergleichsweise nüchterne Ansichten:

Im übrigen bin ich der Meinung, daß die «Ehe» als solche nicht so viel Betonung verdient als ihr durch die konventionelle Entwicklung ihres Wesens zugewachsen ist. Es fällt niemandem ein, von einem einzelnen zu verlangen, daß er «glücklich» sei — heiratet aber einer, so ist man sehr erstaunt, wenn er es n i c h t ist!

So in einem Brief an Emanuel von Bodman vom 17. August 1901. Es versteht sich, daß Rilke vor allem die K ü n s t l e r-ehe im Auge hat, wenn er schreibt:

Es handelt sich in der Ehe für mein Gefühl nicht darum, durch Niederreißung und Umstürzung aller Grenzen eine rasche Gemeinsamkeit zu schaffen, vielmehr ist die gute Ehe die, in welcher jeder den anderen zum Wächter seiner Einsamkeit bestellt und ihm dieses größte Vertrauen beweist, das er zu verleihen hat. Ein M i t e i n a n d e r zweier Menschen ist eine Unmöglichkeit und, wo es doch vorhanden scheint, eine Beschränkung, eine gegenseitige Übereinkunft, welche einen Teil oder beide Teile ihrer vollsten Freiheit und Entwicklung beraubt.

Am 12. Dezember 1901 wird dem jungen Ehepaar eine Tochter geboren: Ruth Rilke. *Sie hat dunkles Haar,* so liest man in einem Bericht an Franziska Reventlow vom 18. Dezember, *ganz dunkelblaue Augen, eine ernste Stirne und ganz wunderschöne Hände.* Schon im Herbst 1902 muß das Kind in die Obhut der Großeltern Westhoff in Oberneuland bei Bremen gegeben werden: der Versuch, eine dauernde Heimat zu erwerben und eine Familie aus eigener Kraft zu erhalten, ist gescheitert.

Ein Jahr und einen Sommer lang hat Rilke sich redlich bemüht, etwas wie eine bürgerliche Existenz aufzubauen und sich und die

Seinen durch den Fleiß seiner Feder zu ernähren. Zeitschriften und Zeitungen, insbesondere das «Bremer Tageblatt», hat er eifrig mit Beiträgen beliefert: Buchbesprechungen, Theaterkritiken und kleinen Essays über die bildende Kunst jener Tage. Wie er selbst über diese Beschäftigungen dachte, das gibt er in einem Brief an Otto Modersohn (25. Juni 1902) deutlich zu verstehen:

Wenn ich im «Bremer Tageblatt» schreibe, dann schreibe ich immer so in meinen Bart hinein und halte dabei noch die linke Hand vor den Mund, dann wird es journalistischer.

Der väterliche Zuschuß war weggefallen, an eine Fortsetzung des Studiums war nicht mehr zu denken, und die materiellen Sorgen stellten nich[t] nur die eheliche Lebensform in Frage, sondern bedrohten auch de[n] inneren Bezirk der eigentlich produktiven Arbeit. Zwar hat es a[n] äußerer Förderung nicht gänzlich gefehlt. So hat ihm der angese[h]ene Gründer und erste Leiter der Bremer Kunsthalle, Gustav Paul[i] (1866—1938), den Auftrag, für Velhagen & Klasing über Worps[ ]wede zu schreiben, vermitteln können, hat ihm auch selber di[e] Chance gegeben, zur Eröffnung seines Museums (1902) eine Fest[ ]spielszene zu verfassen. Aber das, was notwendig gewesen wäre[,] um den Lebensunterhalt für drei Menschen auf die Dauer zu sichern[,] *Arbeit an einer Redaktion oder in einem Verlag, in einem Kunst[ ]salon oder einer Sammlung, eine dramaturgische Tätigkeit oder der[ ]gleichen* (29. Oktober 1901 an Axel Juncker) war nicht zu arrangie[ ]ren. Auch Clara Rilkes Plan, in Bremen mit einer größeren Anzah[l] von Schülern zu arbeiten, konnte nicht verwirklicht werden. So schie[n] denn nichts anderes übrig zu bleiben, als den Westerweder Wohnver[ ]such abzubrechen und das alte Reiseleben wieder aufzunehmen, un[d] die Vorteile der strikten Vereinzelung, der unverhofften Chancen[,] wechselnden Gastfreundschaften usw. zu nutzen. Schon im Frühsom[ ]mer 1902 sieht man den Dichter einen Monat lang jene bei aller Mit[ ]

RAINER MARIA RILKE

DAS BUCH DER BILDER

VERLAG VON AXEL JUNCKER IN BERLIN

tellosigkeit luxuriöse Unabhängigkeit genießen, wie sie nur auf den Landsitzen des späten Feudalismus gewährt werden kann, und wie sie ihm hinfort immer einmal wieder als eine charakteristische Begünstigung seines Schicksals zugute kommen wird. Prinz Emil von Schönaich-Carolath (1852–1908), ein dichterisch begabter Aristokrat, mit dem er seit der «Wegwarten»-Zeit in Verbindung steht, hat ihn auf sein Schloß Haseldorf in Holstein eingeladen. Dort liest er die Korrekturen zum *Buch der Bilder*, kostet die lang entbehrte Einsamkeit, schwelgt in den Schönheiten des großen, üppigen und «nicht zu gepflegten» Parks und fühlt sich ganz in seinem Element. Allerlei geschichtliches Nachgefühl, dänisches Familienwesen ist in der Luft, und die ersten Vorahnungen einer dichterischen Konzeption, die erst in Paris allmählich Gestalt annehmen wird, stellen sich ein. In einem Brief an Lou, fast zwei Jahre später, wird er sich dieser verheißungsvollen Augenblicke entsinnen (3. Mai 1904):

Einmal habe ich auf dem schönaich'schen Gut einen ganzen Sommer gesessen, allein in der Familienbibliothek, deren Archiv voll alter Briefwechsel und Regesten und Schriftstücke steckt; ich fühlte in allen Nerven die unmittelbare Nähe von Schicksalen, das Sichregen und Aufstehen von Gestalten, von denen nichts mich trennte als die alberne Unfähigkeit, ältere Zeichen zu lesen und zu deuten und Ordnung zu schaffen unter der ungesichteten Wirrnis dieser Papiere. Was für ein guter, tüchtiger Sommer hätte das sein können, wenn ich ein wenig Archivhandwerk verstanden hätte; etwas wie eine Maria

1902

G r u b b e wäre mir da vielleicht in den Grundzügen gegeben worden . . .

Von Haseldorf aus richtet er am 28. Juni, in einem noch unbeholfenen Französisch, seinen ersten Brief an den großen Mann, der der letzte Meister und «Jahres-Regent» seiner Jugend sein wird: Auguste Rodin, und bittet ihn um Hilfe zu einem Vorhaben, das ihm, weit über den gegebenen Anlaß hinaus, ganz neue Horizonte des Sehens, Fühlens und Schaffens eröffnen wird:

Honoré Maître,
J'ai entrepris d'écrire pour les nouveaux arts monographiques allemands, publiés par le professeur Richard Muther, le volume dédié à votre œuvre. Un de mes plus ardents désirs a été accompli par là, car, l'occasion d'écrire sur vos œvres, est pour moi une vocation intérieure, une fête, une joie, un grand et noble devoir, vers lequel mon amour et tout mon zèle se tournent . . .

Rilke ging also nach Paris, um einen ganz bestimmten Arbeitsauftrag zu erfüllen und auf diese Weise das Existenzproblem zunächst für seine eigene Person zu lösen und gleichzeitig ein künstlerisches und menschliches Ereignis, dessen Vorbildlichkeit ihm in letzter Zeit immer maßgebender geworden war, aus der Nähe zu erleben, von Grund auf zu studieren und mit allen Kräften zu bewältigen. Auch Clara Rilke begab sich, um ihre eigenen Studien fortzusetzen, im Herbst 1902 nach Paris; auch sie hat in der Folgezeit viele Jahre, von ihrem Gatten meist getrennt, auf Reisen und abwechselnd in den europäischen Zentren des künstlerischen Lebens verbracht und ist erst 1918 endgültig in die Heimat zurückgekehrt. Dort hat sie mehr als dreieinhalb Jahrzehnte lang ein eigenes Haus in Fischerhude bei Bremen bewohnt, erst 1954 ist sie, im Alter von 76 Jahren, gestorben. —

Die dichterische Produktion der Jahre 1899 bis 1902 ist wieder höchst umfangreich, doch ist sie nur zum Teil schon damals ans Licht der Öffentlichkeit gelangt. Gedruckt wurden drei Bände erzählender Prosa: *Zwei Prager Geschichten* (Stuttgart 1899), *Die Letzten* (Berlin 1902, bei Axel Juncker) und *Vom lieben Gott und Anderes* (Weihnachten 1900), das erste vom Insel-Verlag signierte Buch Rilkes, das später in *Geschichten vom lieben Gott* umgetauft werden sollte. Ferner: die erste Ausgabe der Gedichtsammlung *Das Buch der Bilder*, die aus Arbeiten der Jahre 1898—1901 komponiert war und im Juli 1902 bei Axel Juncker erschien, und ein Theaterstück in zwei Akten: *Das tägliche Leben* (Albert Langen-Verlag, München 1902). Dieser letzte dramatische Versuch des Dichters, geschrieben in den Ostertagen des Jahres 1900, war im Dezember 1901 über eine Berliner Bühne gegangen und hatte, wie Rilke selbst (am 13. Februar 1902 an Ellen Key) betrübt eingesteht, nichts als unfreiwillig komische Wirkungen hervorgerufen. Ungedruckt blieben vorläufig die beiden ersten Teile des *Stunden-Buches: das Buch vom mönchischen Leben*, das im Herbst 1899 in Schmargendorf, und das *Buch von der Pilgerschaft*, das im September 1901 in Westerwede entstan-

Manuskriptseite des «Cornet» (erste Fassung, 1899)

...len war. Diese reichhaltigen Proben einer neuen künstlerischen Si-
herheit sollten erst Jahre später, zusammen mit dem dritten, in Viareggio gedichteten Teil des *Stunden-Buches* der Öffentlichkeit anver-
traut werden: erst zu Weihnachten 1905 ist das Ganze erschienen.
Unbekannt blieb einstweilen auch diejenige unter Rilkes Arbeiten,
die ihm im Laufe der Jahrzehnte den gewaltigsten seiner Erfolge eingetragen, die mehrere Generationen von Heranwachsenden zu Stürmen der Begeisterung und Orgien der Rührung hingerissen hat und
neuerdings sogar verfilmt worden ist: *Die Weise von Liebe und Tod
des Cornets Christoph Rilke.* Die erste Fassung dieses Werkchens,
einer hochlyrischen, immer wieder in gereimte und stark rhythmi-
sierte Sequenzen ausbrechenden Prosa, die nur 14 Druckseiten bedeckt, war schon im Herbst 1899 zu Papier gebracht worden. Der
Cornet, so berichtet der Dichter 1924 in seinem rückblickenden Brief
an H. Pongs:

*war das unvermutete Geschenk einer einzigen Nacht, einer Herbst-
nacht, in einem Zuge hingeschrieben bei zwei im Nachtwind wehen-*

Die Weise von Liebe und Tod des Cornets Christoph Rilke / von Rainer Maria Rilke

Geschrieben   1   8   9   9

Axel Juncker Verlag
Berlin/Leipzig, Stuttgart

den Kerzen; das Hinziehen von Wolken über den Mond hat ihn verursacht, nachdem die stoffliche Veranlassung mir einige Tage vorher, durch die erste Bekanntschaft mit gewissen, durch Erbschaft an mich gelangten Familienpapieren, eingeflößt worden war.

Dieser Ur-Cornet hat freilich seinerzeit noch nicht einmal einen Verleger gefunden: Axel Juncker lehnte ab. Erst eine bearbeitete Fassung vom August 1904 wurde in einer Prager Zeitschrift gedruckt, und eine Buchausgabe erschien nicht vor Ende 1906. Ihr Erfolg war bescheiden, kaum 50 Exemplare konnten abgesetzt werden. Erst als der Text im Jahre 1912 als Nr. 1 der Insel-Bücherei wiederaufgenommen wurde, begann der unvergleichliche Siegeszug des empfindsamen jungen Fähnrichs, der bisher durch keinen literarischen Stimmungsumschwung hat gänzlich zum Stillstand gebracht werden können. Die Gesamtsumme der verkauften Exemplare lag 1958 hart an der Millionengrenze.

Die Lyrik dieser Jahre offenbart in Hunderten von vorwärtsdrängenden und retardierenden Versuchen, daß der Dichter sich in einer Phase des Übergangs befindet, daß sein Talent sich von den alten, eingespielten, aber eben auch schon reichlich abgesungenen Melodien im Stile von *Advent* und *Mir zur Feier* noch nicht ganz hat losmachen können und doch schon nach neuen Formen und Motiven sucht. Vieles im *Buch der Bilder* hat noch den übersüßten, rührseligen, inzwischen zum Klischee gewordenen Ton der «Frühzeit», dieses polypenhafte Wuchern mit End- und Stab- und Binnenreimen und allerlei billigen Assonanzen, dieses leichtfertige Sich-Ergießen in die ausgeleierte Bequemlichkeit des alternierenden Metrums:

> *und ihre Seelen sind wie weiße Seide*
> *und von derselben Sehnsucht beben beide ...*

Anderes deutet schon voraus auf die höhere «Sachlichkeit», das Arbeitsethos und Verdinglichungspathos der *Neuen Gedichte*. Eine Haltung des Abstand nehmenden «Schauens» beginnt sich durchzusetzen und mehr und mehr zu befestigen: das fühlende Ich will sich veräußern und vergegenständlichen, will Welt erobern, «Dinge» und «Bilder», immer freilich in dem Bewußtsein, daß alles Äußere ihm «verwandt» ist. Diese neue und auch wieder alte, nämlich ur-rilkesche Thematik wird in dem Gedichte «Fortschritt», das in der festlichen Bewegtheit der Worpsweder Septembertage entstand, programmatisch formuliert:

> *Und wieder rauscht mein tiefes Leben lauter,*
> *als ob es jetzt in breitern Ufern ginge.*
> *Immer verwandter werden mir die Dinge*
> *und alle Bilder immer angeschauter ...*

Zahlreiche Strophen des Bandes sind aus dem Prosatext der Schmargendorfer und Worpsweder Tagebücher unwillkürlich herausgewachsen und sind als lyrische Antworten auf die berichteten Erlebnisse zu verstehen, so etwa wenn der Dichter unter dem Eindruck der beiden «Schwestern» sein geliebtes Mädchen-Motiv wieder aufnimmt, um ihm neue Einsichten abzugewinnen:

> *Mädchen, Dichter sind, die von euch lernen,*
> *das zu s a g e n, was ihr einsam s e i d ...*

Es versteht sich, daß die Angedichteten immer zugleich auch Publikum sein müssen, wenn der Dichter darauf besteht, seine neuen Produkte an geselligen Abenden zum besten zu geben, oder sich doch niemals lange bitten läßt. Wieder und wieder z. B. liest er das (schon im Sommer 1899 entstandene) *Jüngste Gericht*, das er eine Zeitlang eigensinnig bevorzugt: eine seitenlange Phantasie über ein malerisch angelegtes Al-fresco-Motiv, das mit der Inbrunst eines spekulierenden Sich-Einfühlens entwickelt wird:

> *Sie werden Alle wie aus einem Bade*
> *aus ihren mürben Grüften auferstehn;*
> *denn alle glauben an das Wiedersehn,*
> *und furchtbar ist ihr Glauben, ohne Gnade ...*

Neben dieser Arbeit stehen Gedichte wie *Verkündigung, Die heiligen drei Könige, In der Certosa, Karl der Zwölfte von Schweden reitet in die Ukraine, Der Sänger singt vor einem Fürstenkind* oder der Gedichtkreis *Die Zaren*, der im Spätsommer 1899, unter dem unmittelbaren Eindruck der ersten Rußlandreise entworfen und 1906 in Paris noch einmal überarbeitet wurde. «Bilder» machen heißt jetzt: prototypische Gestalten, historische und legendäre Figuren und Situationen, gedrängte Résumés menschlicher Geschicke lyrisch in

Szene setzen, und das eigene, unersättliche, immer nach dem «Unsagbaren» hungernde Gefühl mit romantischen Fabeln befriedigen. Daraus ergibt sich eine neue Spielart des balladischen Stils: viel Welt, viel Gegenständlichkeit und phantastisches Vokabular, aber wenig erzählerische Bewegung. Eine statische, durch und durch mit Innerlichkeit getränkte Ballade: *Karl der Zwölfte* ist ein Musterbeispiel. Auch Rilkes Gedichte auf Motive der christlichen Lehre und Heilsgeschichte — wie das *Jüngste Gericht* — liegen auf dieser Linie: nicht als Glaubenszeugnisse oder Andachtsübungen sind sie zu verstehen, sondern als Seelenballaden und Sinnspiele des spekulierenden Gefühls über eine kanonische Textvorlage. Streng genommen sind es Parodien der heiligen Gehalte, d. h. Abwandlungen ins Uneigentliche, denn alles Sakrale wird vermenschlicht, alles Überweltliche zurückgenommen in eine rein weltliche Innerlichkeit. —

Das Hauptstück in der lyrischen Produktion dieser Jahre ist aber das *Stunden-Buch*, weil es alle sonst vereinzelten Motive und Gedankengänge unter einer großen zyklischen Werkidee zusammenfaßt. Wie später in den *Duineser Elegien* und den *Sonetten an Orpheus*, so ist auch in diesem ersten zyklischen Hauptwerk Rilkes ein vollständiges lyrisches System gegeben, eine poetische Lebenslehre auf früher Stufe. Das Wort «Leben» war ja eine Lieblingsvokabel für die empfindsamen Gemüter der Jahrhundertwende: ein Nachklang von Nietzscheschem Jubel und Nietzscheschem Leiden war darin aufgehoben, aber auch Hofmannsthal und Andrian, auch Wedekind und Dehmel haben Gesinnungen und Gehalte beigesteuert; um dies Wort mit aktueller Sinnfülle zu beladen. *Wie Sie dann von etwas sehr Liebem sprachen — oder vom Leben:* so konnte Rilke sich ausdrücken, um die blonde Malerin an die in Worpswede geführten Gespräche zu erinnern. Seine eigene Konzeption des Begriffs «Leben» ist ihm schon frühzeitig ganz bewußt geworden, und ihre Meinung hat sich, ungeachtet aller künstlerischen Vervollkommnung, im Laufe seiner Entwicklung nicht mehr verändert. Schon in einer leidenschaftlichen Tagebucheintragung vom 22. Dezember 1900 über Gerhart Hauptmanns «Michael Kramer» hat er den Gedanken ausgesprochen, der 26 Jahre später, in einem ganz späten, aber nicht weniger leidenschaftlichen Gedicht folgenden Wortlaut haben sollte:

> *... Und überwältigt sie's,*
> *und stürzen sie ins Knien vor Tod und Leben,*
> *so ist der Welt ein neues Maß gegeben*
> *mit diesem rechten Winkel ihres Knie's!*

Leben als das «Namenlose», die pure, unaussprechliche Fühlbarkeit der tausendgesichtigen Welt drängt nach einem alles erschöpfenden Inbegriff, und das Wort, das sich dem Stundenbuch-Dichter anbietet wie eine Erlösung, das gutstehen muß für die geheimnisvolle Einheit des Vielen, ist kein Geringeres als der Name Gottes:

Wer lebt es denn? Lebst Du es, Gott, — das Leben?

Wie soll man die Gottesidee des *Stunden-Buches* (und des Rilke-schen Werkes überhaupt) charakterisieren? Sie beruht auf wesentlich gnostischen Vorstellungen und steht auch den Gedankengängen gewisser mystischer Literaturen nicht fern: Gott ist ein Werdender, seine Existenz gründet sich auf die fühlende und entwerfende Leistung einzelner menschlicher Herzen. Schon im Florenzer Tagebuch (April 1898) findet sich eine Stelle wie diese:

Gott ist das älteste Kunstwerk. Es ist sehr schlecht erhalten, und viele Teile sind später ungefähr ergänzt. Aber es gehört natürlich zur Bildung, über ihn reden zu können und die Reste gesehen zu haben.

Später, in Worpswede, berichtet der Dichter von einem Gedankenaustausch mit Paula Becker, die sich geweigert hat, unter dem Namen «Gott» etwas anderes zu verehren als die Natur, «die Bringende, die das Leben hat und schenkt»:

Ich aber sprach leise von ihm. Daß seine Mängel, seine Ungerechtigkeit und alles Unzulängliche seiner Macht in seiner Entwicklung läge. Daß er nicht vollendet sei. «Wann sollte er auch g e w o r d e n sein? Der Mensch bedurfte seiner so dringend, daß er ihn gleich von Anfang als Seienden empfand und sah. Fertig brauchte ihn der Mensch, und er sagte: Gott ist. Jetzt muß er sein Werden nachholen. Und wir sind, die ihm dazu helfen. Mit uns w i r d er, mit unseren Freuden wächst er, und unsere Traurigkeiten begründen die Schatten in seinem Angesicht...»

Auch die Abneigung Rilkes gegen die Gestalt Christi, die später so krasse Formen annehmen sollte, findet schon hier ihren Ausdruck:

Für junge Menschen (sagte ich in anderem Zusammenhange) ist Christus eine große Gefahr, der Allzunahe, der Verdecker Gottes. Sie gewöhnen sich daran, mit den Maßen des Menschlichen Göttliches zu suchen. Sie verwöhnen sich am Menschlichen und erfrieren später an der herben Hochluft der Ewigkeit. Sie irren zwischen Christus, den Marien und den Heiligen umher: sie verlieren sich unter Gestalten und Stimmen... Sie bescheiden sich und müßten unbescheiden sein, um Gott zu haben.

Der Dichter des Stundenbuches präsentiert sich dem Leser in der Rolle eines jungen Mönches, der mit Scharen von «Gebeten» diesen Gott umkreist, nicht als eine transzendente Wirklichkeit jenseits von Zeit und Raum, sondern als das Numinosum der innerweltlichen Vielheit der Dinge, als das Sein überhaupt, das unter tausend verschiedenen zeiträumlichen Gestalten erscheinen kann:

> *Ich kreise um Gott, um den uralten Turm,*
> *und ich kreise jahrtausendelang,*
> *und ich weiß noch nicht: bin ich ein Falke, ein Sturm*
> *oder ein großer Gesang.*

Das eigene Reifen zu einer ersten dichterischen Vollmacht *(Ich fühle: ich kann-)* wird als ein Reifen Gottes ausgelegt; Gott wird wie ein Kunstwerk von der Fühl- und Einbildungskraft zahlreicher Generationen von Ergriffenen geschaffen:

> *Werkleute sind wir: Knappen, Jünger, Meister,*
> *und bauen dich, du hohes Mittelschiff.*
> *Und manchmal kommt ein ernster Hergereister,*
> *geht wie ein Glanz durch unsre hundert Geister*
> *und zeigt uns zitternd einen neuen Griff.*

Es ist sicher nicht falsch, wenn behauptet wird, das Erlebnis der Frömmigkeit des russischen Volkes habe den Dichter zu der Planung und Ausführung dieses Werkes inspiriert. Goldglitzerndes Ikonendunkel beherrscht die Atmosphäre, russische Requisiten sind nicht selten, und Gott wird gelegentlich als Ljesskowscher Starez oder bärtiger Bauer beschrieben:

> *Du bist der raunende Verrußte,*
> *auf allen Öfen schläfst du breit.*
> *Das Wissen ist nur in der Zeit.*
> *Du bist der dunkle Unbewußte*
> *von Ewigkeit zu Ewigkeit.*

Doch würde man das Werk mißverstehen, wenn man seinen Autor auf eine genuine religiöse Leidenschaft festlegen oder ihn gar mit der fatalen Vokabel «Gottsucher» abfertigen wollte. Die Spur, die Rilke verfolgt, wird ganz woanders hinführen, als dieser Ausdruck wahrhaben möchte, nämlich auf einen eigenen, unabhängigen, sehr persönlichen Mythos vom «Sein», der nicht religiös oder gar «theologisch» gedeutet werden kann. Schon im *Stundenbuch* werden «die Dinge» gefeiert als die Hervorbringungen eines unerschöpflich produktiven Seinsgrundes, mit dem die produktive Kraft des Dichters sich solidarisch, ja identisch weiß. («Natur» wird diese Kraft später heißen oder «Erde».) Rilkes Leidenschaft ist eine wesentlich *dichterische,* d. h. namengebende Leidenschaft, und in lauter Namen läßt er hier die überweltliche Wirklichkeit Gottes gleichsam ertrinken.

Von den Prosabüchern dieses Lebensabschnitts sind die beiden ersten noch als Nachzügler der «Vorzeit» zu betrachten; sie halten sich noch an das Schema eines mehr oder weniger herkömmlichen Novellenstils, mit dem die Begabung Rilkes nichts Rechtes anzufangen weiß, jedenfalls nichts Außergewöhnliches. Nur *Die Geschichten vom lieben Gott* sind thematisch mit dem Stundenbuch verwandt, erreichen aber nicht dessen Niveau. In einem maniriert kindlichen, gelegentlich ins Wunderlich-Tickhafte verfallenden Legendenton wird hier die Botschaft vorgetragen, daß Gott «in allen Dingen» ist, z. B. in dem Stein, aus dem Michelangelo seine Figuren schlägt *(Von* einem, der die Steine belauscht) oder in einem Fingerhut, den die kleine Resi ihrer Mutter weggenommen hat (Wie der Fingerhut dazu kam, der liebe Gott zu sein). Was schließlich den Cornet betrifft, so ist er in diese Umgebung durchaus nicht einzuordnen. Dieses volkstümlichste Geschöpf der Rilkeschen Phantasie steht ganz für sich: ein einmaliger Glücksfall herzlich-sinnfälliger Bezauberungskraft:

Im Vorsaal über einem Sessel hängt der Waffenrock, das Bandelier und der Mantel von dem von Langenau. Seine Handschuhe liegen auf dem Fußboden. Seine Fahne steht steil, gelehnt an das Fensterkreuz. Sie ist schwarz und schlank. Draußen jagt ein Sturm über den Himmel hin und macht Stücke aus der Nacht, weiße und schwarze. Der Mondstrahl zieht wie ein langer Blitz vorbei, und die reglose Fahne hat unruhige Schatten. Sie träumt.

Es ist die Geschichte eines Achtzehnjährigen, der in einer einzigen Nacht Liebe und Tod erfährt, in lyrischen Abbreviaturen hingeseufzt und hingewettert, ein Bravourstück, das gewissermaßen außerhalb der Entwicklung von der geringeren zur höheren Kunst seine Geltung behauptet:

Er läuft um die Wette mit brennenden Gängen, durch Türen, die ihn glühend umdrängen, über Treppen, die ihn versengen, bricht er aus aus dem rasenden Bau. Auf seinen Armen trägt er die Fahne wie eine weiße, bewußtlose Frau. Und er findet ein Pferd, und es ist wie ein Schrei: über alles dahin und an allem vorbei, auch an den Seinen. Und da kommt auch die Fahne wieder zu sich und niemals war sie so königlich; und jetzt sehn sie sie alle, fern voran, und erkennen den hellen, helmlosen Mann und erkennen die Fahne ...
Aber da fängt sie zu scheinen an, wirft sich hinaus und wird groß und rot ...

. . . . . .

Da brennt ihre Fahne mitten im Feind, und sie jagen ihr nach.

Rilke hat sich später, angesichts seines Massenerfolges, ein wenig indigniert über diesen Cornet geäußert, der da ein Geschrei erhöbe wie ein Feldwebel, und doch ist noch heute die ganz reine Stimmung dieser Dichtung, dieses nackte, heiße, schluchzende und prassende Jugendgefühl so unwiderstehlich, daß ihre Beliebtheit niemanden verwundern kann. —
Die Nachwirkungen dieser gärenden, drängenden, an menschlichen und künstlerischen Entscheidungen so trächtigen Zeit, die in den Worpsweder Septembertagen kulminierte, reichen tief in die Pariser Jahre hinein. Paula Becker, die sich wenige Wochen nach Rilkes Trauung, zu Pfingsten 1901, mit Otto Modersohn verheiratet hatte, war häufig in Paris und mit dem Dichter zusammen. Sehr spät hat Rilke begriffen, mit welch einer außerordentlichen Künstlerin er es

Rilke. Unvollendetes Gemälde von Paula Modersohn-Becker

hier zu tun hatte. Noch Anfang 1903 empfiehlt er sie in einem Brief
an Rodin als die *femme d'un peintre allemand très distingué*, und
erst drei Jahre später, in einem Bericht vom 16. Januar 1906 über
einen weihnachtlichen Besuch in Worpswede (an Karl von der
Heydt) zeigt er sich von ihren Arbeiten betroffen:

*Das merkwürdigste war, Modersohns Frau an einer ganz eigenen
Entwicklung ihrer Malerei zu finden, rücksichtslos und geradeaus
malend, Dinge, die sehr worpswedisch sind und die doch noch nie
einer sehen und malen konnte. Und auf diesem ganz eigenen Wege
sich mit van Gogh und seiner Richtung seltsam berührend.*

Im Mai 1906 sitzt er der Freundin Modell: das damals entstandene Porträt ist, obwohl nicht ganz vollendet, ein Meisterwerk expressionistischer Malerei und das einzige Bildnis des Dichters, das seinem Gegenstande ebenbürtig ist. Es nimmt einen Rilke vorweg, den es noch gar nicht gibt, den es erst beinah zwei Jahrzehnte später geben wird, den Dichter der Elegien und Sonette. Es zeigt den außerordentlichen Mund dieses Menschen so, wie auch Rudolf Kaßner ihn einmal beschrieben hat:

Rilkes Gesicht hörte im Mund auf, mündete im Mund, ward hier Mündung. Nach oder unter einem solchen Mund gibt es kein Kinn mehr, das in Betracht käme. Dieser große Mund, der da war, damit die Worte in einem Großen, Größeren, Allgemeinen mündeten, hatte etwas Krankes, Totes. Wie stimmt das nicht zu seiner Lehre, daß jeder seinen eigenen Tod sterben, seinen eigenen Tod gebären sollte! [1]

Rilke, der bei anderen Gelegenheiten sehr entschiedene Meinungen über seine Porträts von sich geben konnte, hat das Werk Paula Beckers zeitlebens mit Schweigen übergangen. Was diese radikale und einsam kämpfende Malerin verfolgte, was überhaupt moderne Malerei unter dem Dreigestirn van Gogh—Gauguin—Cézanne sein konnte, wenn nicht sein *mußte*, das ist erst im Herbst 1907 wie eine Offenbarung über ihn hereingebrochen, als er sich mit der großen Cézanne-Gedächtnisausstellung des Pariser Salon d'Automne konfrontiert sah: *Früher hat man gemalt: ich liebe dieses hier, statt zu malen: hier ist es* (an Clara Rilke).

Ein heimliches, auf beiden Seiten vielleicht nicht ganz bewußt gewordenes Drama muß sich abgespielt haben zwischen der Malerin und dem Dichter, ein stummes Ringen um Ebenbürtigkeit im Namen des «Äußersten», was zu sagen war, ein Trachten nach Ausdruck und gegenseitiger Darstellung, das bei Lebzeiten der Frau nicht mehr erfüllt werden konnte. Daher Rilkes mündliche Äußerung an Frau Kippenberg: *Sie ist die einzige Tote, die mich beschwert.* [2] Am 20. November ist Paula Becker, 31jährig, an der Geburt ihres einzigen Kindes gestorben. Nirgends in den Briefen aus dieser Zeit wird dieser Todesfall direkt erwähnt, aber in verschiedenen leidenschaftlich bohrenden Betrachtungen über das Ereignis des Todes überhaupt kommt der Schmerz, den er erregt hat, um so heftiger zum Ausdruck.

Fast ein Jahr nach der Katastrophe, am 31. Oktober 1908, wurde der Dichter überrascht durch das plötzliche Heraufkommen von Versen, die sich in der Arbeit dreier Tage zu einem Requiem für die Freundin zusammenfügen sollten:

> Ich habe Tote, und ich ließ sie hin
> und war erstaunt, sie so getrost zu sehn,
> so rasch zuhaus im Totsein, so gerecht,

---

1 R. K.: Buch der Erinnerung, 2. Aufl. Zürich 1954, S. 256.
2 Katharina Kippenberg, R. M. Rilke, 1938.

> *so anders als ihr Ruf. Nur du, du kehrst*
> *zurück; du streifst mich, du gehst um, du willst*
> *an etwas stoßen, daß es klingt von dir*
> *und dich verrät . . .*

Endlich gelingt es ihm, sich darzustellen, die Herausforderung jenes Porträts zu beantworten und mit einer medialen Sicherheit, die das Aus-der-Welt-Sein der Abgeschiedenen nicht anerkennt, der Freundin ihr Leben und ihren Tod zu deuten. Das Leben einer Künstlerin, die an dem Widerspruch zwischen «Leben» und «Arbeit» zugrunde gegangen ist, und deren Leistung dennoch der reine «Fortschritt» war. Ihr «Schauen» wird gerühmt, und zwar in einer Sprache, die das verbindliche Vorbild Cézannes nicht leugnen will; auf ihr rücksichtslos kühnes Selbstbildnis mit nacktem Oberkörper wird angespielt:

> *Und sahst dich selbst zuletzt wie eine Frucht,*
> *nahmst dich heraus aus deinen Kleidern, trugst*
> *dich vor den Spiegel, ließest dich hinein*
> *bis auf dein Schauen; das blieb groß davor*
> *und sagte nicht: das bin ich; nein: dies ist.*

Die Hauptmotive der Rilkeschen Lebenslehre, jetzt schon beinah zu Dogmen verfestigt, werden zur Sprache gebracht, vor allem die (schon im *Stundenbuch* vorgetragene) Botschaft vom *eigenen Tode* und die Lehre von der enormen, alles Männliche weit hinter sich lassenden Fühlkraft der Frau, die hier mit den inneren Errungenschaften der Künstlerin gleichgesetzt wird. Dieser Tod im Kindbett ist ohne Notwendigkeit:

> *Da riß ein Zufall dich, ein letzter Zufall*
> *riß dich zurück aus deinem fernsten Fortschritt*
> *in eine Welt zurück, wo Säfte w o l l e n.*

Dieser uneigentliche Tod, der vorzeitig gekostet worden ist:

> *Da*
> *trugst du dich ab und grubst aus deines Herzens*
> *nachtwarmem Erdreich die noch grünen Samen,*
> *daraus dein Tod aufkeimen sollte: deiner,*
> *dein eigner Tod zu deinem eignen Leben.*
> *Und aßest sie, die Körner deines Todes,*
> *wie alle andern, aßest seine Körner,*
> *und hattest Nachtgeschmack in dir von Süße,*
> *die du nicht meintest, hattest süße Lippen,*
> *du: die schon innen in den Sinnen süß war.*

Die Tragödie dieses wie jedes großen Frauenlebens sieht der Dichter in der Unzulänglichkeit des Mannes, der wie ein groteskes, aber verhängnisvolles Hindernis am Rande der weiblichen Bahn steht. So kann die sanfte, feste Stimme in schneidende Anklagen ausbrechen:

> *Denn dieses Leiden dauert schon zu lang,*
> *und keiner kanns; es ist zu schwer für uns,*
> *das wirre Leiden von der falschen Liebe,*
> *die, bauend auf Verjährung wie Gewohnheit,*
> *ein Recht sich nennt und wuchert aus dem Unrecht.*
> *Wo ist der Mann, der Recht hat auf Besitz?*
> *Wer kann besitzen, was sich selbst nicht hält,*
> *was sich von Zeit zu Zeit nur selig auffängt*
> *und wieder hinwirft wie ein Kind den Ball.*

Ein Ethos der nicht-besitzergreifenden Liebe wird formuliert: einer Liebe, die um der Perfektion des Fühlens willen auf denjenigen verzichten muß, der eben dieses Fühlen erregt hat:

> *Denn das ist Schuld, wenn irgendeines Schuld ist:*
> *die Freiheit eines Lieben nicht vermehren*
> *um alle Freiheit, die man in sich aufbringt.*
> *Wir haben, wo wir lieben, ja nur dies:*
> *einander lassen; denn daß wir uns halten,*
> *das fällt uns leicht und ist nicht erst zu lernen. —*

Das Gedicht wurde 1909 veröffentlicht, zusammen mit einem zweiten Requiem, das nach Rilkes Worten *mit der gleichen Strömung so ruhig heraufkam* und am 4. und 5. November 1908 gedichtet wurde. Es ist für den Grafen Wolf Kalckreuth geschrieben, einen jungen Dichter, der sich als Neunzehnjähriger im Oktober 1906 das Leben genommen hatte. Berühmt geworden ist vor allem seine Schlußzeile: ein gnomischer Vers, von dem ein Gottfried Benn noch als alter Mann erklärt hat, es sei das Leitwort seiner Generation gewesen:

> *Wer spricht von Siegen? Überstehn ist alles.*

PARIS UND RODIN

Zwölf Jahre lang ist Paris für Rilke das geographische Zentrum seines Lebens, der alles überwiegende Wohn- und Schicksalsort gewesen. Sooft er sich auch, sei es für kürzere, sei es für längere oder sehr lange Zeit, von ihm entfernte, immer wieder ist er dorthin zurückgekehrt, und jede Ankunft war für ihn so viel wie das Eintauchen in ein gleichzeitig verzehrendes und höchst produktives Element von dichtester «Wirklichkeit». Was zunächst, im August 1902, als eine neue, dem Phänomen Rodin gewidmete Station der Lehrjahre gemeint war, das stellte sich bald als eine Heimsuchung von hohen Graden heraus, und diese Heimsuchung hat sich im Laufe der Jahre in «Heimat» verwandelt: «Heimat» im Sinne einer mustergültigen und maßgebenden Umwelt, die allen Dimensionen des Inneren objektive Entsprechungen entgegenhält.

Die Hoffnungen, die der junge Dichter auf eine Begegnung mit Rodin gesetzt hatte, wurden nicht enttäuscht. Die lebendige Gestalt des alten Meisters schien mit dem Bilde, das man sich in Worpswede von ihm gemacht hatte, genau übereinzustimmen und es doch auch wieder gewaltig zu übertreffen. Ein Brief an Clara Rilke vom 2. September 1902 schildert den ersten Besuch im Atelier an der rue de l'Université:

Bin auf der Seine hingefahren. Er hatte Modell. Ein Mädchen, hatte ein kleines Gipsding in der Hand, an dem er herumkratzte. Er ließ die Arbeit im Stich, bot mir einen Sessel an, und wir sprachen. Er war gut und mild. Und mir war, als kennte ich ihn immer schon. Als sähe ich ihn nur wieder; ich fand ihn kleiner und doch mächtiger, gütiger und erhabener. Diese Stirne, die Art, wie sie zur Nase steht, die aus ihr herausfährt wie ein Schiff aus dem Hafen ... Stil von Stein ist in dieser Stirn und dieser Nase.

Über eine charakteristische Geste, ein offenbarendes Wort des Meisters:

Dann arbeitete er weiter und bat mich, alles zu besehen, was im Atelier steht. Das ist nicht wenig. Die «Hand» ist da. C'est une main comme-ça (sagte er und machte mit seiner eine so mächtig haltende und formende Gebärde, daß man glaubt, Dinge auf ihr wachsen zu sehen). — C'est une main comme-ça, qui tient un morceau de terre glaise avec des ... Und auf die beiden wundervoll tief und geheimnisvoll vereinigten Gestalten deutend: c'est une création ça, une création ... Wunderbar sagte er das ... Das französische Wort verlor seine Grazie und erhielt nicht die umständliche Schwere des deutschen Wortes: Schöpfung ... es hatte sich aus allen Sprachen losgelöst, losgekauft ... war allein in der Welt:

création ...

Über den ersten Aufenthalt in Meudon im Val Fleury, wo Rodin seine Villa hat, etwa zwanzig Minuten Bahnfahrt von der gare Montparnasse entfernt: *Was da alles ist — alles, alles. Der Marmor von La prière: Gipsabgüsse fast von allem. — Wie das Werk eines Jahrhunderts ...eine Armee von Arbeit. Da sind Riesenvitrinen, ganz erfüllt mit wundervollen Bruchstücken der Porte de l'Enfer. Es ist nicht zu beschreiben. Da liegt es meterweit nur Bruchstücke, eines neben dem andern. Akte in der Größe meiner Hand und größer ... aber nur Stücke, kaum einer ganz: oft nur ein Stück Arm, ein Stück Bein, wie sie so nebeneinander hergehen, und das Stück Leib, das ganz nahe dazu gehört. Einmal der Torso einer Figur mit dem Kopf einer andern an sich gepreßt, mit dem Arm einer dritten ... als wäre ein unsäglicher Sturm, eine Zerstörung ohnegleichen über dieses Werk gegangen. Und doch, je näher man zusieht, desto*

Paris: Notre Dame

tiefer fühlt man, daß alles das weniger ganz wäre, wenn die einzelnen Körper ganz wären. Jeder dieser Brocken ist von einer so eminenten ergreifenden Einheit, so allein möglich, so gar nicht der Ergänzung bedürftig, daß man vergißt, daß es nur T e i l e und oft
Teile von v e r s c h i e d e n e n Körpern sind, die da so leidenschaft-

lich aneinander hängen. Man fühlt plötzlich, daß es mehr Sache des Gelehrten ist, den Körper als Ganzes zu fassen — und vielmehr des Künstlers, aus den Teilen neue Verbindungen zu schaffen, neue, größere, gesetzmäßigere Einheiten... ewigere... Und dieser Reichtum, diese unendliche, fortwährende Erfindung, diese Geistesgegenwart, Reinheit und Vehemenz des Ausdrucks, diese Unerschöpflichkeit, diese Jugend, dieses immer noch Etwas, immer noch das Beste zu sagen haben... das ist ohnegleichen in der Geschichte der Menschen. Dann sind Tische, selles, Kommoden... ganz bedeckt mit kleinen Stückchen — goldbraun und ockergelb gebrannten Tons. Arme nicht größer als mein kleiner Finger, aber von einem Leben erfüllt, das einem das Herz klopfen macht. Hände, die man mit einem Zehnpfennigstück zudecken kann, und doch von einer Fülle des Wissens erfüllt, ganz genau determiniert und doch nicht kleinlich... als hätte sie unermeßlich groß gemacht: — so macht dieser Mensch sie in seinen Verhältnissen.

Fünf ganze Jahre lang ist Rodin für den Dichter das bewunderte Vorbild gewesen. Er verkörpert in seinen Augen die Idee der «Größe» im Sinne einer pausenlos produzierenden Intensität, ein Nonplusultra an schöpferischer Lebenskraft, ja das Prinzip des Schaffens überhaupt, und insofern ist sein Dasein eine menschliche Analogie zum Dasein der Natur. Er repräsentiert das Ganze:

...was sind alle Ruhe-Zeiten, alle Tage in Wald und Meer, alle Versuche, gesund zu leben, und die Gedanken an alles dieses: was sind sie gegen diesen Wald, gegen dieses Meer, gegen das unbeschreiblich getroste Ausruhen in seinem haltenden und tragenden Blick, gegen das Anschauen seiner Gesundheit und Sicherheit. Es rauscht von Kräften, die in einen einströmen, es kommt eine Lebensfreude, eine Fähigkeit zu leben über einen, von der ich keine Ahnung hatte. Sein Beispiel ist so ohnegleichen, seine Größe steigt so vor einem an wie ein ganz naher Turm, und dabei ist seine Güte, wenn sie kommt, wie ein weißer Vogel, der einen schimmernd umkreist, bis er sich zutraulich auf der Schulter niederläßt. Er ist alles, weithin alles.

So heißt es in einem Brief an Clara Rilke vom 20. September 1905. Die Rodinmonographie, um derentwillen der Dichter nach Paris gegangen war, konnte schon 1903 bei Julius Bard in Berlin erscheinen; sie ist später aus einem Vortrag aus dem Jahre 1907 erweitert und häufig wiederaufgelegt worden, bis sie schließlich im 4. Bande der Gesammelten Werke von 1927 ihre Unterkunft gefunden hat. Dieser *Rodin* ist freilich nichts weniger als eine stilkritische Untersuchung über einen Bildhauer, den man heute einen Impressionisten nennen würde, sondern eine Prosadichtung über die im Zeichen Rodins erlebte Pariser Kunstlandschaft überhaupt, die erste Rilkesche Prosadichtung von höherem Rang. Ohne Rücksicht auf zeitliche Distanzen und stilistische und thematische Unterschiede wird das Werk des Zeitgenossen neben die Antiken des Louvre und die Plastik der mittelalterlichen Kathedralen gestellt: alles ist

Auguste Rodin

«gleichzeitig» und absolut gegenwärtig in einer Welt, deren einzig
wesentliche Dimension der Raum ist. Alles ist «Dingwerdung»
menschlicher «Sehnsüchte» und «Ängste». Zwischen dem Alten und
Ältesten und dem Neuen besteht lückenlose Kontinuität. Dort die
Angst und Brunst und Glaubensnot, das steingewordene Weltgefühl
des Mittelalters:

Und ganz ähnlich war es mit den Tieren, die auf den Kathedra-
len standen und saßen oder unter den Konsolen kauerten, verküm-
mert und gekrümmt und zu träge zum Tragen. Da waren Hun-
de und Eichhörnchen, Spechte und Eidechsen, Schildkröten, Ratten
und Schlangen. Wenigstens eines von jeder Art. Diese Tiere schie-
nen draußen eingefangen worden zu sein in den Wäldern und auf
den Wegen, und der Zwang, unter steinernen Ranken, Blumen und
Blättern zu leben, mußte sie selbst langsam verwandelt haben zu
dem, was sie nun waren und immer bleiben sollten. Aber es fanden
sich auch Tiere, die schon in dieser steinernen Umgebung geboren
waren, ohne Erinnerung an ein anderes Dasein. Sie waren schon
ganz die Bewohner dieser aufrechten, ragenden, steil steigenden
Welt. Unter ihrer fanatischen Magerkeit standen spitzbogige Ske-
lette. Ihre Münder waren weit und schreiend wie bei Tauben, denn
die Nähe der Glocken hatte ihr Gehör zerstört... Und wer diese

71

Gebilde sah, der empfand, daß sie nicht aus einer Laune geboren waren, nicht aus einem spielerischen Versuch, neue, unerhörte Formen zu finden. Die Not hatte sie geschaffen. Aus der Angst vor den unsichtbaren Gerichten eines schweren Glaubens hatte man sich zu diesem Sichtbaren gerettet, vor dem Ungewissen flüchtete man zu dieser Verwirklichung.

Hier und heute aber die Dingwerdung einer modern-komplizierten, einer mehr und mehr ins Unsichtbare zurückgescheuchten, zwischen Ibsen und Maeterlinck gelegenen Seelenwelt:

Und jetzt? War nicht wieder eine Zeit gekommen, die nach diesem Ausdruck drängte, nach dieser starken und eindringlichen Auslegung dessen, was in ihr unsagbar war, wirr und rätselhaft? Die Künste hatten sich irgendwie erneut, Eifer und Erwartung erfüllte und belebte sie; aber vielleicht sollte gerade diese Kunst, die Plastik, die noch in der Furcht einer großen Vergangenheit zögerte, berufen sein, zu finden, wonach die anderen tastend und sehnsüchtig suchten? Sie mußte einer Zeit helfen können, deren Qual es war, daß fast alle ihre Konflikte im Unsichtbaren lagen.

Einzelne Meisterwerke aus Rodins Ateliers, der Mann mit der gebrochenen Nase, die Porte de l'Enfer, der gewaltige Balzac, werden

Rodins Atelier in Meudon

Fabeltiere auf Notre Dame

ausführlich, mit dichterischer Einbildungskraft vergegenwärtigt, in Worten nachgeschaffen: nicht als Akte eines subjektiven Bewußtseins, sondern als seinsunmittelbare Phänomene. Was dieser großartige Alte hervorbringt, hat den Rang von Naturereignissen, und dennoch ist es «gemacht», «gekonnt», pausenlose Verdinglichung einer selbstvergessenen und lebenslänglich tätigen «Arbeits»-Kraft:

Man wird einmal erkennen, was diesen großen Künstler so groß gemacht hat: daß er ein Arbeiter war, der nichts ersehnte, als ganz, mit allen seinen Kräften, in das niedrige und harte Dasein seines Werkzeugs einzugehen. Darin lag eine Art von Verzicht auf das Leben; aber gerade mit dieser Geduld gewann er es: denn zu seinem Werkzeug kam die Welt.

Mit dem Wort «Arbeit» wird die Summe der Wirkungen des Bildhauers auf den Dichter am besten gekennzeichnet. Es enthält einen kritischen Einwand gegen den volkstümlichen Begriff der Inspiration und damit auch eine scharfe Kritik des Stundenbuchdichters an sich selbst. Von Rodin her gesehen, ist das *Stundenbuch* formlos, endlos, eine redselige «Improvisation». *So hätte ich ohne Anfang und Ende immer weiter dichten können.*[1] Arbeit bedeutet: Verzicht auf die zügellosen Räusche des Gefühls, äußerste Verdichtung des Materials, Verfestigung der Konturen, rückhaltlose Konzentration auf die immer mehr gesteigerten Ansprüche der Form. Schon vier Tage nach der ersten persönlichen Begegnung mit dem Meister, am 5. September 1902, schreibt Rilke an seine Frau:

---

1 nach J. F. Angelloz: Rilke, Leben und Werk. München 1955, S. 142.

... alles durchs Modelé sagen und nichts anderes. Siehst Du, hier ist der zweite Punkt dieses großen Künstlerlebens. Das erste war, daß er seiner Kunst ein neues Grundelement entdeckt hatte, das zweite, daß er vom Leben nichts mehr wollte, als sich ganz und alles Seine durch dieses Element auszudrücken... Er schwieg eine Weile und sagte dann, wunderbar ernst sagte er das: il faut travailler, rien que travailler. Et il faut avoir patience.

Dieses leidenschaftlich-nüchterne Ethos des «Immer-arbeitens» muß man mit der «Ding»-Idee zusammennehmen, wenn man die Gedankenwelt des «mittleren» Rilke verstehen will. Aus beiden ergibt sich ein Drittes: der Begriff des «Wirklichen». Kunstwerke sollen so «wirklich» sein, daß sie neben den Dingen der Natur bestehen können. Der Künstler erhebt hier den Anspruch, nicht nur Wirkliches zu stiften, sondern Wirklichkeit zu ergründen, für das Wirklichsein der Welt zu bürgen. Die Welt, so scheint es, ist nicht mehr fraglos gegeben, ihr Wirklichsein muß erkämpft und täglich behauptet werden. Gegen wen? Gegen welche Macht? Rilkes Antwort nimmt ein Wort vorweg, das erst Jahrzehnte später das allgemeine Bewußtsein erobern und eine unheimliche Popularität gewinnen wird: das Wort «Angst». In einem Brief an Lou vom 18. Juli 1903 findet er, um seine dichterische Aufgabe zu definieren, eine Formel, die einen ganz neuen Horizont des Fühlens und Denkens bezeichnet: *Dinge machen aus Angst.*

Das Rodin-Thema, so zeigt sich in diesen vier Worten, hat sich mit einem zweiten vereinigt: das ist das Thema «Paris», wie der Dichter es gleich in den ersten Tagen nach seiner Ankunft erlebt und dann immer stärker, zeitweise bis zur Unerträglichkeit erlitten hat: als einen Ort der Angst, der Armut und des Todes. Wenn Rilkes Romanheld zu Beginn seiner Aufzeichnungen sein Grauen vor dieser Stadt in kurzen, harten Sätzen zur Sprache bringt, so ist diese Stelle, wenn irgendeine, als ein unchiffriertes Bekenntnis des Autors gemeint; selbst die Angaben über das Datum (11. September) und die Wohnung (rue Toullier) sind autobiographisch:

So, also hierher kommen die Leute, um zu leben, ich würde eher meinen, es stürbe sich hier. Ich bin ausgewesen. Ich habe gesehen: Hospitäler. Ich habe einen Menschen gesehen, welcher schwankte und umsank. Die Leute versammelten sich um ihn, das ersparte mir den Rest. Ich habe eine schwangere Frau gesehen. Sie schob sich schwer an einer hohen, warmen Mauer entlang, nach der sie manchmal tastete, wie um sich zu überzeugen, ob sie noch da sei. Ja, sie war noch da. Dahinter? Ich suchte auf meinem Plan: Maison d'Accouchement. Gut. Man wird sie entbinden — man kann das.

Auch die ersten Pariser Briefe bringen vielfach eine Melancholie zum Ausdruck, die das Glück des Umgangs mit Rodin beinah aufzuwiegen scheint:

Diese Stadt ist sehr groß und bis an den Rand voll Traurigkeit.

An Clara, am 11. September 1902. Oder:

Paris? Paris ist schwer. Eine Galeere. Ich kann nicht sagen, wie

unsympathisch mir alles hier ist, nicht beschreiben, mit welcher in-
stinktiven Ablehnung ich hier herumgehe.

An Heinrich Vogeler, sechs Tage später. Aber schon bald darauf,
in einem Brief an Arthur Holitscher vom 17. Oktober 1902, heißt
es:

Ich will vorläufig in Paris bleiben, eben weil es schwer ist.

Der erwähnte Brief an Lou vergleicht die Pariser Erfahrung mit
der «Militärschule»:

wie damals ein großes banges Erstaunen mich ergriff, so griff
mich jetzt wieder das Entsetzen an vor alledem, was, wie in einer un-
säglichen Verwirrung, Leben heißt.

Aber schon ist dieses Paris alles andere als «unsympathisch». Es
ist eine Schule des Elends, eine um keinen Preis abzulehnende Herausforderung an die Kräfte des Fühlens, Sehens und Darstellens. Sie
zu bestehen, mit einer Hiobsleistung des Herzens zu beantworten,
das ist die tiefste Genugtuung, das strenge Glück des künstlerischen
Bewußtseins. Der Brief liefert eine Reihe von sprachlichen Präzi-
sionsetüden, die als unmittelbare Vorstufen zu einigen berühmten
Episoden des *Malte* identifiziert werden können:

Im August vorigen Jahres traf ich dort ein. Es war die Zeit, da die
Bäume in der Stadt welk sind ohne Herbst, da die glühenden Gas-
sen, ausgedehnt von der Wärme, nicht enden wollen und man durch
Gerüche geht wie durch viele traurige Zimmer. Da ging ich an den
langen Hospitälern hin, deren Tore weit offen standen mit einer Ge-
bärde ungeduldiger und gieriger Barmherzigkeit. Als ich zum er-
sten Male am Hotel Dieu vorüberkam, fuhr gerade eine offene
Droschke ein, in der ein Mensch hing, schwankend bei jeder Bewe-
gung, wie eine zerbrochene Marionette, schief und mit einem schwe-
ren Geschwür auf dem langen, grauen, hängenden Halse. Und was
für Menschen bin ich seither begegnet, fast an jedem Tage; Trüm-
mer von Karyatiden, auf denen noch das ganze Leid, das ganze Ge-
bäude eines Leides lag, unter dem sie langsam wie Schildkröten leb-
ten. Und sie waren Vorübergehende unter Vorübergehenden, allein-
gelassen und ungestört in ihrem Schicksal. Man fing sie höchstens
als Eindruck auf und betrachtete sie mit ruhiger sachlicher Neugier
wie eine neue Art Tier, dem die Not besondere Organe ausgebildet
hat, Hunger- und Sterbeorgane. Und sie trugen das trostlose, miß-
farbene Mimikry der übergroßen Städte und hielten aus unter dem
Fuß jedes Tages, der sie trat wie zähe Käfer, dauerten, als ob sie
noch auf etwas warten müßten, zuckten wie Stücke eines zerhauenen
großen Fisches, der schon fault aber immer noch lebt. Sie lebten,
lebten von nichts, vom Staub, vom Ruß und vom Schmutz auf ih-
rer Oberfläche, von dem was den Hunden aus den Zähnen fällt, von
irgendeinem sinnlos zerbrochenen Dinge, das immer noch jemand
kaufen mag zu unerklärlichem Gebrauch . . .

Da gab es alte Frauen, die einen schweren Korb absetzten an ir-
gendeinem Mauervorsprung, (ganz kleine Frauen, deren Augen wie
Pfützen austrockneten) und als sie ihn wieder greifen wollten, da

schob sich langsam und umständlich ein langer, rostiger Haken aus ihrem Ärmel hervor, statt einer Hand, und ging gerade und sicher auf den Henkel des Korbes los. Und waren andere alte Frauen, die mit den Schubladen eines alten Nachttisches in der Hand umhergingen und jedem zeigten, daß drinnen zwanzig verrostete Stecknadeln herumrollten, die sie verkaufen mußten. Und einmal spät im Herbst stand abends eine kleine Alte neben mir im Scheine eines Schaufensters. Sie stand ganz still, und ich glaubte sie gleich mir mit der Betrachtung der ausgelegten Sachen beschäftigt, und achtete ihrer kaum. Schließlich aber fühlte ich mich von ihrer Nähe beunruhigt, und ich weiß nicht, weshalb ich plötzlich auf ihre eigentümlich zusammengelegten abgetragenen Hände sah. Ganz langsam stieg aus diesen Händen ein alter, langer, dünner Bleistift hervor, er wuchs und wuchs, und es dauerte sehr lange bis er ganz sichtbar war, sichtbar in seinem ganzen Elend. Ich kann nicht sagen, was so entsetzlich wirkte an dieser Szene, aber es war mir, als spielte sich vor mir ein ganzes Schicksal ab, ein langes Schicksal, eine Katastrophe, die sich furchtbar steigerte bis zum Augenblick, da der Bleistift nicht mehr wuchs und ganz leise zitternd herausragte aus der Einsamkeit dieser leeren Hände. Ich begriff schließlich, daß ich ihn kaufen sollte . . .

Der Brief berichtet ferner die Geschichte eines Veitstänzers, der nach verzweifeltem Widerstand mitten auf der Straße seinen Anfall erleidet. Auch sie wird im *Malte* ihren Platz finden: kurz vor einem fingierten Briefentwurf (Ges. Werke V, S. 88 ff), der aus der Summe der erlebten Schrecken die sittliche Konsequenz zieht, und zwar mit einer Wendung, die es nicht mehr erlaubt, die Moral der liebenden Hingabe im Sinne christlichen Mitleids von der Moral der *künstlerischen* Hingabe zu unterscheiden:

Erinnerst du dich an Baudelaires unglaubliches Gedicht «Une Charogne»? Es kann sein, daß ich es jetzt verstehe. Abgesehen von der letzten Strophe war er im Recht. Was sollte er tun, da ihm das widerfuhr? Es war seine Aufgabe, in diesem Schrecklichen, scheinbar nur Widerwärtigen, das Seiende zu sehen, das unter allem Seienden gilt. Auswahl und Ablehnung gibt es nicht. Hältst du es für einen Zufall, daß Flaubert seinen

Paris: Jardin du Luxembourg

Blick auf die Seine-Brücken

Saint-Julien-l'Hospitalier geschrieben hat? Es kommt mir vor, als wäre das das Entscheidende: ob einer es über sich bringt, sich zu dem Aussätzigen zu legen und ihn zu wärmen mit der Herzwärme der Liebesnächte, das kann nicht anders als gut ausgehen.

Nach sieben Pariser Monaten waren Rilkes Kräfte erschöpft. Um seine angegriffene Gesundheit wiederherzustellen, verließ er die Stadt und flüchtete sich ans Meer, vom 23. März bis zum 28. April blieb er in Viareggio. Hier ist innerhalb von acht Tagen der ganze, 547 Verse starke dritte Teil des *Stunden-Buches* entstanden: das *Buch von der Armut und vom Tode*. Es ist das erste Werk, das die Pariser Erlebnisse zu bewältigen versucht, mit künstlerischen Mitteln, die noch von gestern sind, aber mit einer Thematik, die schon auf den *Malte* hinüberweist. Was in den beiden ersten Teilen «Gott» hieß, «der Dinge tiefer Inbegriff», das wird jetzt in der Angst und im Elend gefunden; alle Attribute menschlicher Not werden auf den heiligen Namen gehäuft:

> Du bist der Arme, du der Mittellose,
> du bist der Stein, der keine Stätte hat,
> du bist der fortgeworfene Leprose,
> der mit der Klapper umgeht vor der Stadt.

Auch hier wird nicht Erlösung vom Übel, sondern Hingabe an das Übel gepredigt. Darum wird Christus mit Stillschweigen übergangen, und das Buch schließt mit einer inständigen Huldigung an den heiligen Poverello, der hier als der Verherrlicher der Armut, *der Armut großer Abendstern* gefeiert wird: Franz von Assisi. Sein Wesen ist unendliche Fühlkraft, die nirgends ablehnt und innehält und auf diese Weise die Schreckenswelt der großen Städte in das Paradies der Armut verwandeln kann:

> Und als er starb, so leicht wie ohne Namen,
> da war er ausgeteilt: sein Samen rann
> in Bächen, in den Bäumen sang sein Samen
> und sah ihn ruhig aus den Blumen an.
> Er lag und sang. Und als die Schwestern kamen,
> da weinten sie um ihren lieben Mann.

Zum ersten Male wird hier mit vollem Nachdruck und an zentraler Stelle ein Motiv entwickelt, das in wechselnden Zusammenhängen und unter verschiedenen mythischen Chiffren immer wieder zur Geltung kommen wird. In einer Prosafassung aus dem Jahre 1913, die als «Taschenbuch»-Eintragung im Briefwechsel mit Lou erscheint, wird es heißen:

...Wäre er ein Heiliger geworden, so hätte er aus diesem Zustand eine heitere Freiheit gezogen, die unendlich unwiderrufliche Freude der Armut: denn so lag vielleicht der heilige Franz, aufgezehrt, und

war genossen worden, und die ganze Welt war ein Wohlgeschmack seines Wesens.

Die Geschichte dieses Motivs kulminiert aber erst 1922 in den *Sonetten an Orpheus.* Sie sind ein einziger Lobgesang auf den zerstückelten und verteilten Heiland eines fühlenden, das heißt in orphischer Sprache: «singenden» und «hörenden» Kosmos. Dieser Orpheus ist nichts anderes als ein heidnisches Gegenstück zum Franziskus des *Stundenbuchs.*

Am 1. Mai 1903 ist der Dichter wieder in Paris. Er bleibt zwei Monate, den Hochsommer verbringt er in Worpswede und Oberneuland und rüstet sich dort für einen längeren Aufenthalt in Rom, den Rodin ihm und vor allem seiner Frau dringend angeraten hat. Von jetzt ab wird er jahrelang auf Reisen, und die fast ständig quälende Frage nach «Heimat» und bekömmlicher Umwelt wird immer nur für ein paar Monate zu beruhigen sein. Dauernd lebt er in der Spannung zwischen zwei kontrastierenden Neigungen: einerseits der Sehnsucht nach Seßhaftigkeit unter Menschen und in naturnahen Verhältnissen, andererseits dem gebieterischen Bedürfnis nach Einsamkeit und Verborgenheit, nach strikter Unabhängigkeit, ja Wurzellosigkeit. Einerseits das Pariser Hotelzimmer, in der rue Toullier, der rue de l'Abbé de l'Epée, später in der rue Cassette, der rue de Varenne oder in der rue Campagne-Première — andererseits der Traum vom ererbten Besitz, von Landhaus und Garten, die stille, betuliche «Welt der Kinder, Frauen und Alten», wie Rudolf Kaßner sie treffend genannt hat. Wieder ist es Malte Laurids Brigge, den er in sinnbildlich verallgemeinerter Form aussprechen läßt, was er selbst als einsamer Leser in der Bibliothèque Nationale empfindet:

O was für ein glückliches Schicksal, in der stillen Stube eines ererbten Hauses zu sitzen unter lauter ruhigen, seßhaften Dingen und draußen im leichten, lichtgrünen Garten die ersten Meisen zu hören, die sich versuchen, und in der Ferne die Dorfuhr. Zu sitzen und auf einen warmen Streifen Nachmittagssonne zu sehen und vieles von vergangenen Mädchen zu wissen und ein Dichter zu sein. Und zu denken, daß ich auch so ein Dichter geworden wäre, wenn ich irgendwo hätte wohnen dürfen, irgendwo auf der Welt, in einem von den vielen, verschlossenen Landhäusern, um die sich niemand bekümmert. Ich hätte ein einziges Zimmer gebraucht (das lichte Zimmer im Giebel). Da hätte ich drinnen gelebt mit meinen alten Dingen, den Familienbildern, den Büchern. Und einen Lehnstuhl hätte ich gehabt und Blumen und Hunde und einen starken Stock für die steinigen Wege. Und nichts sonst. Und ein Buch in gelbliches, elfenbeinfarbiges Leder gebunden mit einem alten blumigen Muster als Vorsatz: dahinein hätte ich geschrieben. Ich hätte viel geschrieben, denn ich hätte viele Gedanken gehabt und Erinnerungen von Vielen.

Aber es ist anders gekommen, Gott wird wissen, warum. Meine alten Möbel faulen in einer Scheune, in die ich sie habe stellen dürfen, und ich selbst, ja, mein Gott, ich habe kein Dach über mir, und es regnet mir in die Augen.

Der römische Aufenthalt — von Anfang September 1903 bis Juni 1904 — steht nicht unter so glücklichen Sternen wie manche früheren und viele späteren Begegnungen mit italienischer Landschaft, Lebensart und Kultur. Obwohl es gelingt, ein schönes, stilles Studio zu mieten: *mein kleines Gartenhaus im Parke der Villa Strohl-Fern*, fühlt Rilke sich untüchtig, leidet an körperlichen Beschwerden, findet die Stadt aufdringlich, laut, grell und pompös. In seinem Osterbrief an Lou schreibt er:

Gestern sang man in Sankt Peter Palestrina. Aber es war nichts. Es zergeht alles in diesem hoffärtig-großen leeren Haus, das wie eine hohle Puppe ist, aus der ein dunkler Riesen-Schmetterling ausgekrochen ist.

In einem späteren Brief an dieselbe Adresse (vom 12. Mai 1904), einem weit ausholenden Beschwerdebrief über Rom, macht er das Klima für seine unbehagliche Verfassung verantwortlich:

Der Herbst war hier schlecht, der Winter mit dem vielen Scirocco und den langen Regen drückend, und der von allen so sehr erhobene Frühling ist nur ein Hasten in den gefährlichen Sommer hinein, wie ein Fall ohne Aufenthalt.

Man begreift, wie sehr es den Dichter nach Norden ziehen muß angesichts einer Jahreszeit, die nicht «Frühling» genannt werden kann, sondern «Frühlingsausstellung»:

Blumen kommen und Blätter, Anemonen blühn und Glycinien, und man sagt es sich und sagt es sich wieder, wie einem Schwerhörigen. Aber es ist alles so attrappenhaft blind und scheinbar; Farben sind zwar da, aber sie ordnen sich träge immer einer billigen Tönung unter und entwickeln sich nicht aus sich selbst heraus... Und die Himmel, in denen so billige Farbenspiele vor sich gehen, sind seicht und wie versandet; sie sind nicht überall, sie spielen nicht, wie

der Himmel des Moores, des Meeres und der Ebenen, um die Dinge, sind nicht unendlicher Anfang von Weiten, sind Abschluß, Vorhang, Ende — und hinter den letzten Bäumen, die flach wie Kulissen auf diesem gleichgültigen Fotografen-Hintergrund stehen — hört alles auf.

Schließlich ein polemisches Resümé von erschreckender Schärfe:

Und man begreift so gut, das Scheinleben dieses vergangenen Volkes, die Phrase seiner Nachkommenkunst, die Gartenblumenschönheit von d'Annunzio's Versen.

Ellen Key

In diesen Monaten hat Rilke angefangen, Dänisch zu lernen, um Jacobsen und Kierkegaard im Original lesen zu können. Am 8. Februar hat er die ersten Sätze des *Malte* zu Papier gebracht und sich auf die Geschichte einer Seele eingelassen, deren dänische Herkunft und Kindheit in Paris zugrunde gehen soll. Nordische Lebenskultur hält seine Einbildungskraft gefangen, nach «Norden, Weite und Wind» steht ihm der Sinn. Da kommt eine glückliche Fügung ihm zu Hilfe. Ellen Key (1849 – 1926), eine schwedische Erzieherin und Interpretin der Frauenbewegung, Verfasserin eines Buches über «Das Jahrhundert des Kindes» (1902), mit der er seit einiger Zeit in lebhaftem Briefwechsel steht, hat in ihrer Heimat und in Kopenhagen Vorträge über sein Werk gehalten und ihm eine Reihe von Einladungen verschafft. Rilke zögert keinen Augenblick, sie anzunehmen und Rom zu verlassen. Am 24. Juni ist er in Kopenhagen, am 25. in Malmö, tags darauf in Flädie in der schwedischen Provinz Skane, wo er auf dem schönen, großen, schloßartigen Gutshof Borgeby-gard erwartet wird. Als Gast der Besitzerin, Fräulein Hanna Larsson, und ihres künftigen Gatten, des rötlichblonden Studenten, Dichters und Malers Ernst Norlind, bleibt er bis September; eine Reihe von langen, glücklichen, erzählerisch beschwingten Briefen an Clara Rilke berichtet vom sommerlichen Treiben in Haus und Park, in den Ställen und auf den Wiesen, mit Bäumen, Blumen und Tieren, mit dem reichlich fallenden Regen und dem «weiten Wind» und von dem heiteren Umgang mit den neuen Freunden. In vollen Zügen genießt er das Natürlich-Gesunde dieser Lebensführung mit der nackten Sohle am Erdboden, mit tiefer Sympathie würdigt er die bäuerlichen Fundamente der ihn umgebenden Gesellschaft, über denen sich *die Bogengänge feinen Verstehens und Fühlens und Wissens* erheben. Hier, bei den jungen Gutsherren, bei dem Zoologiestudenten Holmström, bei dessen Schwester, der Malerin Tora H., vor allem bei dem bäuerlich geborenen Hans Larsson, Professor der Universität Lund, findet er eine innere Sicherheit, die sein ewiges verfängliches Fragen nach der rechten Art zu leben aufs liebenswürdigste und überzeugendste zu beantworten scheint. Den größten Teil des Herbstes verbringt er bei einer mit Ellen Key befreundeten Familie Gibson in Jonsered bei Göteborg, Anfang Dezember ist er wieder in Kopenhagen, am 8. Dezember fährt er über Hamburg nach Oberneuland zu seiner Familie.

Mit einer sehr geringen dichterischen Ausbeute ist er aus Schweden zurückgekehrt, aber mit einer reichen Ernte an Bildern, Erinnerungen und unauslöschlichen Stimmungen, die später einmal, in den Perioden unwillkürlicher Ergiebigkeit, ihren Niederschlag finden werden, vor allem im *Malte* und in den *Neuen Gedichten*. Das Jahr 1905 beginnt nicht sehr verheißungsvoll: mit einem Gefühl von Ratlosigkeit und Verstörung. Tiefe Ungewißheit liegt über seiner äußeren Zukunft und über der stockenden Produktion. Neue Krankheit veranlaßt ihn, für mehrere Wochen (März und April) das Sanatorium Weißer Hirsch bei Dresden aufzusuchen. Dort lernt er die schöne

Gräfin Luise Schwerin (1849—1906) kennen, deren Freundschaft, Schutz und Hilfe bis weit über ihren vorzeitigen Tod hinaus wirksam bleiben werden. Im Hochsommer 1905, nach Zwischenstationen in Berlin, Worpswede und einigen Tagen bei Lou Andreas in Göttingen, genießt er die Schwerinsche Gastfreundschaft auf Schloß Friedelhausen bei Lollar in Hessen, lernt dort den Naturforscher und Philosophen Jacob Baron Uexküll (1864—1944), den Schwiegersohn der Gräfin, kennen und berät mit ihm einen Plan, durch systematische naturwissenschaftliche Studien seinem Leben eine gänzlich neue Richtung zu geben. Da erreicht ihn eine Einladung Rodins, für die nächste Zeit in seinem Hause in Meudon Wohnung zu nehmen, um nebenamtlich die Korrespondenz des Meisters zu besorgen. Rilke stimmt freudig zu und ist am 12. September wieder in Paris.

Fast acht Monate lang hat das damit besiegelte Dienstverhältnis, das etwa der Stellung eines Privatsekretärs gleichkam, sich aufrecht erhalten lassen. Rilke bezieht ein monatliches Gehalt von 200 frs, hat aber die Freiheit, seine Tätigkeit wieder und wieder durch kürzere und längere Reisen, vor allem Vortragsreisen nach Deutschland, zu unterbrechen. Zweimal in dieser Zeit kommt er auch wieder nach Prag, das zweite Mal, um seinen Vater zu begraben, der am 14. März 1906 gestorben ist. Der vertrauliche Umgang mit seinem Haus- und Dienstherrn steigert sein Lebensgefühl und scheint ein unerschöpflicher Anlaß zu freudiger Bewunderung und produktiver Begeisterung zu sein. Dennoch sind Spannungen schließlich nicht zu vermeiden, da die ursprünglich auf zwei Stunden täglich berechnete Sekretärsarbeit nachgerade ganze Tage verschlingt und der Dichter seine Unabhängigkeit bedroht findet. Um den eben erkrankten Meister nicht im Stich zu lassen, faßt er den Entschluß, sich nicht vor Herbst 1906 von ihm zu trennen, aber schon am 12. Mai kommt es, nach einem heftigen Auftritt, zum Bruch. Rilke sieht sich plötzlich *fortgejagt wie ein diebischer Diener* (an Rodin am 12. Mai 1906). Er geht mit seinen Siebensachen nach Paris zurück, in die rue Cassette, wird aber den großen Erzieher seiner mittleren Jahre auch hinfort nicht verleugnen. Dafür zeugt die dem zweiten Teil der *Neuen Gedichte* vorgesetzte Widmung *A mon grand Ami Auguste Rodin.* Erst viel später, zu einem Zeitpunkt, da eine neue Krise und Mauserung ihn unter Qualen auf etwas Unvorhersehbares vorbereitet, kann er kritisch werden auch im Hinblick auf Rodin:

Ich habe so viel Beirrendes durchgemacht, Erfahrungen wie die, daß Rodin in seinem siebzigsten Jahr einfach ins Unrecht geriet, als ob alle seine unendliche Arbeit nicht gewesen wäre; daß da etwas Mesquines, eine klebrige Kleinigkeit, wie er ähnliche früher gewiß zu Dutzenden aus dem Weg gestoßen hat, sich nicht die Zeit lassend, mit ihnen wirklich fertigzuwerden — gelauert hatte und ihn spielend überwältigte und jetzt Tag für Tag sein Alter zu etwas Groteskem und Lächerlichem macht —, was soll ich mit solchen Erfahrungen anfangen? (Am 28. Dezember 1911 an Lou)

Nach der Trennung von Rodin kann Rilke sich zunächst auch in

Borgeby-gård   *Unten: Die Wacholderhöhe*

Paris nicht mehr lange behaupten. Nach einer kurzen Reise durch Belgien sind die nächsten Stationen: Godesberg, Friedelhausen, Berlin und München. Auf dem Godesberger Herrensitz Wacholderhöhe empfängt ihn ein neuer Bewunderer und Mäzen, der zum Freundeskreise der Gräfin Schwerin gehört und schon im Vorjahr seine Bekanntschaft gemacht hat: der Bankier und Schriftsteller Karl von der Heydt (1858—1922). Erst kürzlich hat er durch eine sorgfältige Besprechung des *Stundenbuches* in den «Preußischen Jahrbüchern» die Aufmerksamkeit eines größeren Publikums für Rilkes Lyrik erwecken können. Sein Name und der seiner Gattin Elisabeth erscheinen als Widmungsadresse im ersten Teil der *Neuen Gedichte* (1907): als ein Zeichen der Erkenntlichkeit für eine Teilnahme und tatkräftige Lebenshilfe, die sich je länger je mehr als tragend, ja unentbehrlich erweisen wird, vor allem in den späten Pariser Jahren. Im Herbst 1906 aber ist die Sicherung der äußeren Lebens- und Arbeitsbedingungen für den Dichter noch immer eine offene Frage, das Problem der nächsten Überwinterung ist eine akute Verlegenheit. Wieder kommt die Lösung aus dem Schwerinschen Kreise: Frau Alice Fähnrich (1857—1908), eine Schwester der Gräfin, lädt ihn ein, die nächsten Monate in ihrer Villa Discopoli auf Capri zu verbringen.

Rilke und Clara, 1906

Am 4. Dezember ist er zur Stelle, man räumt ihm das «Rosenhäusl» ein, ein hübsches, abgeschiedenes Studio im Garten der Villa. Abends versammelt man sich zum Gespräch im kleinen häuslichen Kreise. Später, im Frühjahr, kommt es auch zu gemeinsamer Arbeit: die Hausherrin, Tochter einer englischen Mutter, gibt ihm täglich die Vorübersetzungen der «Sonnets from the Portuguese» von Elisabeth Barrett-Browning, und Rilke antwortet mit den Nachdichtungen der «Portugiesischen Sonette», einer seiner eindrucksvollsten Huldigungen an den Genius der Frau.

Allerlei Lyrisches kommt zustande, Widmungen, Versuche, ein siebenteiliger Zyklus «zu Ehren der heiligen Maria zu Cetrella» und anderes, der zeiti-

Villa Discopoli auf Capri

ge Frühling entlockt ihm jubelnde, feiernde Briefe, die schönsten von ihnen an Clara Rilke gerichtet. Was vor drei Jahren in Rom versagt geblieben ist, hier wird es in vollem Maße gewährt: der «Meermorgen», der südliche Inselfrühling, der dem Dichter nun, ganz ähnlich wie es einst Goethe widerfahren ist, eintreten kann für die niemals mit eigenen Augen gesehene Herrlichkeit der griechischen Welt:

Denn es kann keine Landschaft griechischer sein, kein Meer von antiken Weiten erfüllter als Land und Meer, wie ich sie auf meinen Wegen in Anacapri zu schauen und zu erfahren bekomme. Da ist Griechenland, ohne die Kunstdinge der griechischen Welt, aber fast wie v o r ihrem Entstehen. So, als sollte das alles noch kommen, liegen da oben die Steinhalden, und als sollten auch alle die Götter erst noch erstehen, die Griechenlands Überfluß an Schauern und Schönheit hervorrief. Und Du mußt nur hören, was die Leute da oben für eine Sprache sprechen. Ich habe nie eine so alte in Menschenmund gehört. Du fragst sie nach dem Namen der Landschaft, in der Du stehst, und sie sagen Dir etwas Großes, Gewaltiges, was wie der Name eines Königs klingt, eines ersten, frühen, sagenhaften

85

Königs, und Du glaubst seinen Namen schon früher in den Stürmen geahnt zu haben und im verhaltenen Anschwall des schweren Meeres.

Am 31. Mai, nach kurzen Aufenthalten in Neapel und Rom, ist Rilke wieder in Paris, und nun auf einmal hat diese Stadt, die einst seinen Willen zu «überstehen» auf eine äußerste Probe gestellt hat, sich in einen Ort des Segens, eine wahre Heimat verwandelt. Die folgenden Monate sind so fruchtbar, daß er sie später einmal als die glücklichsten seines Lebens bezeichnen wird. An die junge Gräfin Manon zu Solms-Laubach, eine der Hausgenossinnen des Capreser Winters, schreibt er am 3. August:

Übrigens habe ich, zwei kurze Unterbrechungen abgerechnet, seit Wochen kein Wort gesprochen; meine Einsamkeit schließt sich end-lich, und ich bin in der Arbeit wie der Kern in der Frucht. —

Dieses Glück ist das Ergebnis eines mühseligen, von Krise zu Krise gesteigerten Reifeprozesses und einer jahrelangen Geduld mit sich selbst. Jetzt endlich ist der Dichter in der Lage, mit einem Buch vor die Öffentlichkeit zu treten, das zum ersten Male den Ruhmes-titel eines Meisterwerks verdient. Die *Neuen Gedichte* erschienen im Dezember 1907. Sie enthalten Arbeiten aus den Jahren 1903 bis 1907, vor allem fast die gesamte Produktion der Jahre 1905 und 1906. Das früheste Stück ist der berühmte *Panther*, das späteste ist das dritte Gedicht des Zyklus *Die Insel* (August 1907). Mit diesem Bande wird die Geschichte der deutschen Poesie um einen neuen Ty-pus des lyrischen Ausdrucks bereichert: das sogenannte «Ding-Ge-dicht», das, von Rilke geschaffen und nur aus seiner besonderen Entwicklung heraus erklärlich, in seinem Werke auch schon den denkbar höchsten Rang erreicht. Es ist die Erfüllung des Programms: *Dinge zu machen; nicht plastische, geschriebene Dinge — Wirklich-keiten, die aus dem Handwerk hervorgehen,* wie er es einst, unter dem frischen Eindruck der Rodinschen Schöpferkraft, in einem Brief an Lou (1903) formuliert hat. Der Vorgang der Motivbildung hat sich seit der Stundenbuchphase grundsätzlich verändert: nicht mehr die allgemeine, allseitig ausschwärmende Ergriffenheit durch das «Le-ben» und seine Attribute Gott, Liebe und Tod wird zum Anlaß der lyrischen Leistung, sondern die klar umrissene, streng vereinzelte Figur: Kunstwerke, Tiere, Pflanzen, Gestalten der Geschichte, der Legende, der biblischen Überlieferung, aber auch Reiseeindrücke und Stadtansichten (Furnes, Brügge, Gent, Rom u. a.), und statische, bildhaft beruhigte Situationen und Stimmungsbilder, in denen sich ein Stück gefühlter Welt, ohne Seufzer und Aufschrei, wie eine Sache präsentiert. Alles, was Rodin ihm gezeigt oder vermittelt hat, kann ihm zum Modell werden, um daran die aneignenden und verwan-delnden Kräfte seiner Sprache zu erproben: die Antiken des Louvre, etwa die Nike von Samothrake oder das berühmte attische Relief, das Orpheus mit Eurydike und Hermes vereint, die Kapitäle und Fensterrosen von Chartres, die botanisch-zoologische Welt des «Jar-din des Plantes». «Vor dem Motiv» will er bleiben, bis es sich er-gibt, «vor der Natur». Der Gebrauch von Wörtern wie «gegenwär-

Orpheus und Eurydike. Römische Kopie nach einem griechischen Original.
Neapel, Museo Nazionale

tig», «wirklich», «notwendig», wird in diesen Jahren zu einer Art
von Manie. Arbeitet er nicht wie ein Maler? Wie ein Plastiker? Aber
neben einzelnen Gebilden, die mit einer sublimen und fanatischen
Genauigkeit eine Gestalt aus Marmor in Sprache umzusetzen scheinen, wie das Eingangs- und Mottogedicht *Früher Apoll,* stehen andere,
die ganz auf Einbildungskraft und Innerlichkeit gestellt sind, wie
Letzter Abend, Erinna an Sappho, David singt vor Saul, Die Spitze.

Rilke im Hôtel Biron

Phänomene aus ganz verschiedenen Feldern und Seinsweisen der Wirklichkeit sind aus ein und demselben Wesensstoff gemacht, von ein und demselben Sinn durchwaltet, denn für das, was «wirklich» ist, gibt es nur *ein* Kriterium: «vorhanden wie Gefühl». Daher die innere Gleichzeitigkeit aller Figuren und Situationen, die Gleichzeitigkeit von *Morgue* und *Früher Apoll*, von *Jousas Landtag, Das Karussell* und *Die Treppe der Orangerie.*

«Sehen lernen» (der Auftrag, mit dem sich Rilke selbst nach Paris geschickt hat) heißt also im Grunde: die Fühlbarkeit der Welt bis zur äußersten Bewußtheit steigern, die chopinhafte Sensibilität der eigenen Natur durchaus intellektualisieren und versachlichen. Was schon der *Panther,* der geniale Treffer eines 27jährigen, leistet, ist nicht bloß «Einfühlung» oder «Intuition», sondern Identifikation von Ich und Gegenstand, Objektivation des Gefühls:

> *Sein Blick ist vom Vorübergehn der Stäbe*
> *so müd geworden, daß er nichts mehr hält.*
> *Ihm ist, als ob es tausend Stäbe gäbe*
> *und hinter tausend Stäben keine Welt.*

> *Der weiche Gang geschmeidig starker Schritte,*
> *der sich im allerkleinsten Kreise dreht,*
> *ist wie ein Tanz von Kraft um eine Mitte,*
> *in der betäubt ein großer Wille steht.*

> *Nur manchmal schiebt der Vorhang der Pupille*
> *sich lautlos auf —. Dann geht ein Bild hinein,*
> *geht durch der Glieder angespannte Stille —*
> *und hört im Herzen auf zu sein.*

Kaßner hat bemerkt, daß bei Rilke «um das Gefühl herum der Verstand sich ansetzt oder bildet». Das ist genau das, was Malte im Sinne hat, wenn er von Abelone, der geheimnisvollen Frauengestalt seiner Kindheit, sagt: *Es ist gleichwohl möglich, daß Abelone in späteren Jahren versucht hat, mit dem Herzen zu denken.*

MEISTERWERKE EINER NEUEN KUNST

Die virtuose Sicherheit im Gebrauch der eigenen Kunstmittel, die der Dichter um 1907 errungen hatte, die Verwirklichung des Rodinschen «toujours travailler» in der «erprobten Arbeitseinsamkeit» von Paris, das wohltemperierte Gleichgewicht zwischen Wollen und Können, Planen und Machen: diese im großen und ganzen gesegnete Verfassung hat über die Veröffentlichung der *Neuen Gedichte* hinaus noch etwa drei Jahre angehalten. Ende 1908 folgte *Der Neuen Gedichte anderer Teil,* eine Sammlung von lyrischen Meisterstücken, in denen die Kunstformel des mittleren Rilke bis zu unüberbietbarer Vollendung ausgereift erscheint. Im Juni 1910 konnten die *Aufzeichnungen des Malte Laurids Brigge* erscheinen. Erst mit dem Abschluß des großen Prosaversuchs ist die Ergiebigkeit dieser Erntezeit erschöpft, und eine neue qualvolle Ausdruckskrise kündigt sich an.

Die Briefe dieser Jahre, voran die berühmten Cézanne-Briefe an Clara Rilke aus dem Oktober 1907, haben einen Ton von stiller Souveränität und Gelassenheit. Indem Rilke sein Zeugnis ablegt für den gewaltigen (1906 verstorbenen) Maler und die Herrlichkeit seiner unaufhaltsamen «réalisation», so spricht er doch indirekt und zuweilen auch direkt immer auch über sich selbst und über den eigenen inneren Weg *zu einer unbedingten frohen und elementaren Fruchtbarkeit, die von außen kaum mehr zu bedrohen ist* (an Anton Kippenberg, 11. März 1908). Anders als vor Jahren bei seinen Begegnungen mit den Vatergöttern Tolstoj und Rodin, darf er sich fragen: *wie weit in mir jene Entwicklung schon verwirklicht ist, die dem*

Selbstbildnis von Cézanne, 1890—1894

immensen Fortschritt in den Cézanneschen Malereien entspricht (18. Oktober 1908).

Der Salon d'Automne übt in diesem Jahr eine magnetische Anziehungskraft aus auf die wachsamsten Geister von Paris. Auch aus Deutschland sind einige der Besten zugegen, Männer wie der brillante Kritiker Meier-Graefe und Graf Harry Kessler, einer der bedeutendsten Kunstkenner und Sammler seiner Zeit. Rilke ist fast täglich einmal vor den Bildern, durch die in diesen Wochen ein neuer Begriff von Malerei kreiert zu werden scheint — trotz van Gogh oder, wenn man will, als eine endgültige Bestätigung van Goghs —, und fast täglich gibt er seiner Frau Rechenschaft über das Gesehene. Am 7. Oktober 1908:

Du weißt, wie ich auf Ausstellungen immer die Menschen, die herumgehen, so viel merkwürdiger finde als die Malereien. Das ist auch in diesem Salon d'Automne so, mit Ausnahme des Cézanne-Raumes. Da ist alle Wirklichkeit auf seiner Seite: bei diesem dichten wattierten Blau, das er hat, bei seinem Rot und seinem schattenlosen Grün und dem rötlichen Schwarz seiner Weinflaschen. Von welcher Dürftigkeit sind auch bei ihm alle Gegenstände: die Äpfel sind alle Kochäpfel, und die Weinflaschen gehören in rund ausgeweitete alte Rocktaschen. Leb wohl . . .

Rilke zieht Erkundigungen ein über Leben und Gehaben seines Helden. In etwa zwanzig Briefen schreibt er seine Monographie, dichtet er seinen Cézanne: die Gestalt und das Schicksal eines alten Mannes, der arm und krank und einsam, von Kindern, die ihm etwas nachwerfen, verfolgt, seiner Wege zieht. Seine mürrische Wortkargheit, seine Besessenheit, seine unschuldigen Wutanfälle haben es dem Dichter besonders angetan:

Abends ergrimmt er sich heimkehrend gegen irgendeine Veränderung, kommt in Zorn und verspricht sich schließlich, als er merkt, wie sehr der Ärger ihn erschöpft: zu Hause will ich bleiben; arbeiten, nur noch arbeiten.

Modelle kriegt er schon lange nicht mehr, er arbeitet nach alten Zeichnungen, die er vor vierzig Jahren in Paris gemacht hat:

«In meinem Alter», sagt er — «könnte ich höchstens eine Fünfzigjährige bekommen, und ich weiß, daß nicht einmal eine solche Person in Aix zu finden wäre.» So malt er nach seinen alten Zeichnungen. Und legt sich seine Äpfel hin auf Bettdecken, die Madame Bremond gewiß eines Tages vermißt, und stellt sich seine Weinflaschen dazwischen und was er gerade findet. Und macht (wie van Gogh) seine «Heiligen» aus solchen Dingen; und zwingt sie, z w i n g t sie, schön zu sein, die ganze Welt zu bedeuten und alles Glück und alle Herrlichkeit, und weiß nicht, ob er sie dazu gebracht hat, es für ihn zu tun. Und sitzt im Garten wie ein alter Hund, der Hund dieser Arbeit, die ihn wieder ruft und ihn schlägt und hungern läßt.

Ein rigoroser Monismus der Kunst wird hier verkündet, eine Heiligsprechung des produktiven Leistens, das alle nicht-ästhetischen

Werte der menschlichen Seele verdrängt oder in sich aufgesogen hat
und dadurch hart an die Grenze der Unmenschlichkeit gerät:

> ... seine Mutter liebte er auch, aber als sie bestattet wurde, war
> er nicht da. Er befand sich «sur le motif», wie er es nannte. Damals
> war die Arbeit schon so wichtig für ihn und vertrug keine Aus-
> nahme, nicht einmal die, die seine Frömmigkeit und Schlichtheit ihm
> doch sicher anempfohlen haben mußte. (9. Oktober)

Dieser ausschließliche und fanatische Moralismus der künstlerischen «réalisation», der noch in Goethes Umkreis absurd gewesen
wäre, bei gewissen Romantikern in Deutschland und England aber
schon möglich zu werden beginnt, was ist er anderes als eine konsequente Vollstreckung der Grundgedanken der symbolistischen
Bewegung. die, durch E. A. Poe in Gang gebracht, bei Baudelaire
und Mallarmé ihre erste Klimax erreicht hat.

Rilke, indem er Cézanne interpretiert, bekennt sich mit radikaler
Entschiedenheit zur Idee der «poésie pure»:

> Das gute Gewissen dieser Rots, dieser Blaus, ihre einfache Wahr-
> haftigkeit erzieht einen; und stellt man sich so bereit als möglich
> unter sie, so ist es, als täten sie etwas für einen. Man merkt auch
> von Mal zu Mal besser, wie notwendig es war, auch noch über
> die Liebe hinauszukommen; es ist ja natürlich, daß man jedes dieser
> Dinge liebt, wenn man es macht: zeigt man das aber, so macht man
> es weniger gut; man beurteilt es, statt es zu sagen. Man hört
> auf, unparteiisch zu sein; und das Beste, die Liebe, bleibt außerhalb
> der Arbeit, geht nicht in sie ein, restiert unumgesetzt neben ihr:
> so entstand die Stimmungsmalerei (die um nichts besser ist als die
> stoffliche) ... Dieses Aufbrauchen der Liebe in anonymer Arbeit,
> woraus so reine Dinge entstehen, ist vielleicht noch keinem so völlig
> gelungen wie dem Alten; seine mißtrauisch und mürrisch gewor-
> dene Natur unterstützte ihn darin. (13. Oktober)

Um den eigenen Eindruck zu kontrollieren, um es sich von einem
ausschließlich malerisch empfindenden Auge bestätigen zu lassen,
daß er nicht allzu subjektiv und «literarisch abgelenkt» geurteilt
habe, bittet er die (in Paris lebende) deutsche Malerin Mathilde Voll-
moeller, ihn durch die Ausstellung zu begleiten:

> Denk Dir aber mein Erstaunen, als Fräulein V., ganz malerisch
> geschult und schauend, sagte: «Wie ein Hund hat er davorgesessen
> und einfach geschaut, ohne alle Nervosität und Nebenabsicht». Und
> sie sagte noch sehr Gutes in bezug auf seine Arbeitsart (die man an
> einem unvollendeten Bilde absieht). «Hier», sagte sie, auf eine
> Stelle zeigend, «dieses hat er gewußt, und nun sagt er es (eine Stelle
> an einem Apfel); nebenan ist es noch frei, weil er das noch nicht ge-
> wußt hat. Er machte nur, was er wußte, nichts anderes.» «Was muß
> er für ein gutes Gewissen haben», sagte ich. «O ja: glücklich war
> er, ganz innen irgendwo ...» (12. Oktober)

Aber eben diese uneingeschränkte Übereinstimmung zwischen
Malerauge und Dichterauge scheint zu beweisen, daß hier der dichterische Geist zu einem ganz neuartigen Verständnis seiner selbst

92

vorzudringen im Begriff ist, daß er sich Ziele setzt, die sich von dem, was man in den klassischen Literaturen Europas unter Dichtkunst verstand, weitgehend unterscheiden. Wenn es von Platon bis Hölderlin als glaubhaft gegolten hat, daß es ein «Gott» ist, der den Dichter bewohnt und ihm seine Gedichte eingibt, daß also der Dichter «nichts als dieses Gottes Mundstück» ist, so wird hier, in der Doktrin des mittleren Rilke, der Dichter ausdrücklich mit dem «Künstler» gleichgesetzt, und dieser ist nicht einem Gott, sondern einem Hund zu vergleichen. Auch wird alles, was der alteuropäische Begriff von Poesie in sich schloß, als da sind: Lehre und Beispiel, Maß und Gesetz, politische und rhetorische Erziehung, religiöse und sittliche Gebundenheit: all das wird abgezogen, und was übrigbleibt, ist ein Ideal von rein artistischer Perfektion. Der Dichter will eine entscheidende Aufgabe darin erkennen, durch Sehübungen und Präzisionstüden das Instrument der Sprache über alles bisher Mögliche hinaus zu verfeinern und zu differenzieren.

Es ist sein Ehrgeiz, ein Selbstbildnis von Cézanne so zu beschreiben, daß kein Rest ungesehen bleibt (23. Oktober), oder das bekannte Bild einer Dame im roten Fauteuil mit den Mitteln seiner Prosa gleichsam einzuholen, die malerische mit der sprachlichen Gestalt zu vollkommener Deckung zu bringen:

In diesen roten Fauteuil, der eine Persönlichkeit ist, ist eine Frau gesetzt, die Hände im Schoß eines breit senkrecht gestreiften Kleides, das ganz leicht mit kleinen verteilten Stücken grüner Gelbs und gelber Grüns angegeben ist, bis an den Rand der blaugrauen Jacke, die eine blaue, mit grünen Reflexen spielende Seidenschleife vorne zusammenhält. In der Helligkeit des Gesichts ist die Nähe all dieser Farben zu einer einfachen Modellierung ausgenutzt; selbst das Braun des über den Scheiteln rund aufgelegten Haars und das glatte Braun in den Augen muß sich äußern gegen seine Umgebung. Es ist, als wüßte jede Stelle von allen. So sehr nimmt sie teil; so sehr geht auf ihr Anpassung und Ablehnung vor sich; so sehr sorgt jede in ihrer Weise für das Gleichgewicht und stellt es her: wie das ganze Bild schließlich die Wirklichkeit im Gleichgewicht hält. Denn sagt man, es ist ein roter Fauteuil (und es ist der erste und endgültigste rote Fauteuil aller Malerei): so ist es doch nur, weil er eine erfahrene Farbensumme gebunden in sich hat, die, wie immer sie auch sein mag, ihn im Rot bestärkt und bestätigt. Er ist, um auf die Höhe seines Ausdrucks zu kommen, um das leichte Bildnis herum ganz stark gemalt, daß etwas wie eine Wachsschicht entsteht; und doch hat die Farbe kein Übergewicht über den Gegenstand, der so vollkommen in seine malerischen Äquivalente übersetzt erscheint, daß, so sehr er erreicht und gegeben ist, doch andererseits auch wieder seine bürgerliche Realität an ein endgültiges Bilddasein alle Schwere verliert. Alles ist ... zu einer Angelegenheit der Farben untereinander geworden: eine nimmt sich gegen die andere zusammen, betont sich ihr gegenüber, besinnt sich auf sich selbst. Wie im Mund eines Hundes bei Annäherung verschiedener Dinge verschiedene Säfte sich bilden und bereithalten: zustimmende, die nur umsetzen, und korrigierende, die unschädlich machen wollen: so entstehen im Innern jeder Farbe Steigerungen oder Verdünnungen, mit deren Hilfe sie das Berührtwerden durch eine andere übersteht. (22. Oktober)

Auch die lyrische Arbeit dieser Jahre gibt sich vielfach als Antwort auf Werke der modernen Malerei. Zweimal ist es ein Cézanne, der als Vorlage dienen muß (*Die Entführung, Die Versuchung*), zweimal ein Manet (*Der Balkon, Der Leser*). Dem *Frühen Apollo* im ersten Teil der *Neuen Gedichte* entspricht ein *Archaischer Torso Apollos* am Anfang des zweiten Teils; sein Modell ist die als «Jünglingstorso aus Milet» bekannte frühgriechische Plastik im Louvre. Das Schlußstück des Bandes ist die lyrische Nachbildung einer in Rodins Garten gesehenen Buddhafigur: *Buddha in der Glorie*. Auch wo es sich um ganz unabhängige Motivbildungen handelt, präsentiert Rilke sich gern in der Haltung eines Malers, etwa in einem *Damenbildnis aus den achtziger Jahren* oder in dem *Bildnis* genannten Gedicht auf Gestalt und Schicksal der großen Eleonora Duse. Das Phänomen der Kunst in seiner *eigensinnigen Vorhandenheit* ist ihm nachgerade zum Inbegriff des Wirklichen geworden, so sehr, daß er bestimmte Ereignisse der europäischen Malerei zu Vergleichen heranzieht, um Phänomene der natürlichen Welt zu schildern. So in den «Flamingos»:

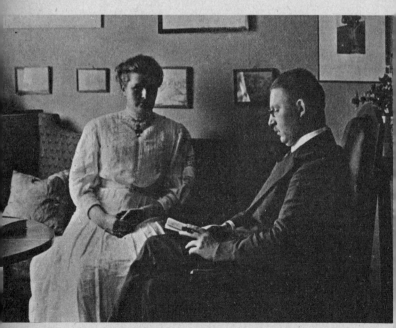

Anton und Katharina Kippenberg, um 1906

In Spiegelbildern wie von Fragonard
ist doch von ihrem Weiß und ihrer Röte
nicht mehr gegeben, als dir einer böte,
wenn er von seiner Freundin sagt: sie war
noch sanft von Schlaf.

Oder in dem Gedicht *Der Apfelgarten*, der die Landschaft von Borgeby-gard nach drei Jahren Inkubationszeit mit einer lyrischen Ge-
genleistung beantwortet:

unter Bäume wie von Dürer . . .

Kultur ist alles: das so überaus kunstbewußte, die künstlerische
Tat verabsolutierende Gedicht deutet selbst Landschaften als Kultur-
phänomene. Wie sehr aber erst muß diesen Dichter die Stadt, das
Kunstwerk Stadt faszinieren, ein Gebilde wie Venedig z. B., in dem
der kulturschaffende Wille so vieler Generationen gleichsam kapita-
lisiert erscheint:

Spätherbst in Venedig

Nun treibt die Stadt schon nicht mehr wie ein Köder,
der alle aufgetauchten Tage fängt.
Die gläsernen Paläste klingen spröder
an deinen Blick. Und aus den Gärten hängt

der Sommer wie ein Haufen Marionetten
kopfüber, müde, umgebracht.
Aber vom Grund, aus alten Waldskeletten
steigt Willen auf: als sollte über Nacht

der General des Meeres die Galeeren
verdoppeln in dem wachen Arsenal,
um schon die nächste Morgenluft zu teeren

mit einer Flotte, welche ruderschlagend
sich drängt und jäh, mit allen Flaggen tagend,
den großen Wind hat, strahlend und fatal.

Dies Gedicht, entstanden im Frühsommer 1908, einer der glän-
zendsten Beiträge zum Venedigbild der deutschen Lyrik, faßt die
ganz unkonventionellen Empfindungen zusammen, die der Autor
im November 1907 während eines elftägigen Aufenthalts in der La-
gunenstadt registriert hatte. Von Meier-Graefe empfohlen, hatte er
Eingang gefunden in das Haus der Damen Nana und Mimi Roma-
nelli, eines vornehmen Schwesternpaares, dessen Gastfreundschaft
durch die Schönheit der jungen Mimi besonders eindrucksvoll, ja be-
strickend gewesen war. Ein Briefwechsel hat sich angesponnen und

Avignon: Palast der Päpste

Les Beaux

wird mit einem starken, oft schwärmerischen Aufwand an Gefühl durch einige Jahre hindurch aufrechterhalten.

Die zahlreichen, meist kurzen Reisen dieser Lebensphase haben nichts von der suchenden und oft verquälten Unruhe mancher früheren und mancher späteren Zeit. Sie haben etwas Leichtes, Unbesorgtes, da der Dichter seiner gewählten Heimat ganz sicher ist und gern und viel zu Hause bleibt. Die Stationen sind die schon bekannten: Oberneuland, Berlin, München, Prag, Rom, Venedig; auch Capri nimmt ihn noch einmal für sechs Wochen auf: im Frühjahr 1908. Unter den neuen Freunden dieser Jahre treten der Verleger Anton Kippenberg (1874 – 1950) und seine Frau Katharina mehr und mehr in den Vordergrund. Ihr schönes Leipziger Haus ist ein häufig angestrebtes Reiseziel, sein «Turmzimmer» eine ideale Klausur: dort wird Ende Februar – Anfang März 1910 die endgültige Fassung des Malte-Romans für den Druck redigiert. Zwei Reisen in das südliche Frankreich erschließen ihm die «klare Provence» (25. bis 30. Mai 1909) und das denkwürdige Avignon (September – Oktober 1909). Er sieht Arles und Orange, Les Beaux und Tarascon und die berühmte Kirchenburg Les Saintes Maries de la Mer. Über die Tage in Avignon schreibt er an Lou:

Fast täglich, während siebzehn Tagen, hab ich den immensen Papstpalast gesehen, diese hermetisch verschlossene Burg, in der die Papstschaft, da sie sich am Rande anfaulen fühlte, sich zu konservieren gedachte, sich selber einkochend in einer letzten echten Leidenschaft. Sooft man dieses verzweifelte Haus auch wiedersieht, es steht auf einem Felsen von Unwahrscheinlichkeit, und man kommt nur hinein im einem Sprung über alles Bisherige und Glaubhafte.

Über Les Beaux:

Hast Du nie von Les Beaux gehört? Man kommt von Saint-Remi, wo die Provence-Erde lauter Felder von Blumen trägt, und auf einmal schlägt alles in Stein um. Ein völlig unverkleidetes Tal geht auf und, kaum der harte Weg drin ist, schließt es sich hinter ihm zu; schiebt drei Berge vor, schräg hintereinander aufgestemmte Berge, drei Sprungbretter sozusagen, von denen drei letzte Engel mit entsetztem Anlauf abgesprungen sind. Und gegenüber, fern in die Himmel eingelegt wie Stein in Stein, heben sich die Ränder der seltsamsten Ansiedlung herauf, und der Weg hin ist so von den immensen Trümmern (man weiß nicht, ob Berg- oder Turmstücken) verlegt und verstürzt, daß man meint, selber auffliegen zu müssen, um in die offene Leere dort oben eine Seele zu tragen. Das ist Les Beaux. Das war eine Burg, das waren Häuser um sie, nicht gebaut, in die Kalksteinschichten hineingehöhlt, als wären die Menschen durch eigensinniges Wohnenwollen dort zu Raum gekommen, wie der Tropfen aus der Traufe, der erst abrollt, wo er auffällt und nicht nachgibt und schließlich mit seinesgleichen wohnt und bleibt. (12. Juni 1909)

Die dichterischen Erträge dieser Reisen haben vor allem in den letzten Partien des *Malte* eine bleibende Unterkunft gefunden. Die Phantasie des Helden entzündet sich am Gewesenen, er versucht sich im

Nachdichten von geschichtlichen Ereignissen, und wie selbstverständlich fügt sich «Avignon» in das Mosaik aus Kindheitserinnerungen,
Pariserlebnissen und den *Reminiszenzen seiner Belesenheit*. Malte,
so interpretiert ihn sein Autor:

ist nicht umsonst der Enkel des alten Grafen Brahe, der alles, Ge-
wesenes wie Künftiges, einfach für «vorhanden» hielt: so hält auch
Malte diese, aus drei Aufnahmsweisen stammenden Vorräte seines
Gemüts für vorhanden: seine Notzeit und die große Notzeit der avi-
gnonesischen Päpste, wo alles nach außen trat, was nun heillos nach
innen schlägt, sind gleichgesetzt: es kommt nicht darauf an, daß man
mehr von den Beschworenen weiß, als der Scheinwerfer seines Her-
zens eben erkennen läßt. Sie sind nicht historische Figuren oder Ge-
stalten seiner eigenen Vergangenheit, sondern V o k a b e l n s e i -
n e r N o t. *(10. November 1925 an Witold Hulewicz)*

Die *Aufzeichnungen* schließen mit einer schwermütigen Paraphrase der Legende vom verlorenen Sohn. Sie wird unter den Händen des
Schreibers zur Parabel des Menschen ohne Haus, der nicht in das
Haus seines Vaters zurückkehren will. Der Fußfall des Sohnes wird
umgedeutet, sein Sinn ist nicht Heimkehr, sondern Weigerung, es ist
eine Geste der Abwehr unter dem Scheine der Hingabe:

seine Gebärde, die unerhörte Gebärde, die man nie vorher gesehen
hatte; die Gebärde des Flehens, mit der er sich an ihre Füße warf, sie
beschwörend, daß sie nicht liebten.

Was diesem Resultat voraufgeht, ist die Geschichte einer Seele, die
es allmählich lernt, ihr Gefühl von allem Greifbaren und Persönlichen loszulösen und ins Unendliche zu richten. Provenzalische Reiseerlebnisse werden zitiert, um die langen Hirtenjahre des verlorenen Sohnes mit Spuren von konkreter Welt zu versehen:

Fremde sahen ihn auf der Akropolis, und vielleicht war er lange
einer der Hirten in den Beaux und sah die versteinerte Zeit das hohe
Geschlecht überstehen... Oder soll ich ihn denken zu Orange, an
das ländliche Triumphtor geruht? Soll ich ihn sehen im seelenge-
wohnten Schatten der Alyscamps, wie sein Blick zwischen den Grä-
bern, die offen sind wie die Gräber Auferstandener, eine Libelle ver-
folgt?

Gleichviel. Ich seh mehr als ihn, ich sehe sein Dasein, das damals
die lange Liebe zu Gott begann, die stille, ziellose Arbeit.

«Les Alyscamp» (gleich «elyseische Felder») ist der Name einer
antiken Gräberallee bei Arles, die zu den unerläßlichen Stationen jeder Provencereise gehört. In Rilkes Fall muß ihr Anblick sogleich als
ein Auftrag an die leistenden Kräfte empfunden worden sein, als ein
Motiv höheren Ranges, das in einer einzigen Schaffensperiode nicht
zu erschöpfen ist. Doch sollten fast dreizehn Jahre vergehen, bis er
diese einzigartige Erinnerung endgültig in Besitz nehmen konnte.
Das zehnte Stück des ersten Teils der *Sonette an Orpheus* ist ihr gewidmet:

Les Alyscamps bei Arles

Euch, die ihr nie mein Gefühl verließt,
grüß ich, antikische Sarkophage,
die das fröhliche Wasser römischer Tage
als ein wandelndes Lied durchfließt.

Oder jene so offenen, wie das Aug'
eines frohen, erwachenden Hirten,
— innen voll Stille und Biensaug —
denen entzückte Falter entschwirrten;

alle, die man dem Zweifel entreißt,
grüß ich, die wiedergeöffneten Munde,
die schon wußten, was Schweigen heißt.

Wissen wir's, Freunde, wissen wir's nicht?
Beides bildet die zögernde Stunde
in dem menschlichen Angesicht.

Mit der Beendigung des *Malte* hat Rilke den Themenkreis der Pariser Meisterjahre ausgeschritten und ein ebenbürtiges Gegenstück in Prosa zu den *Neuen Gedichten* geschaffen. Er hat ein Werk in die Welt gesetzt, das einmal zu den großen Durchbruchsleistungen der «modernen Literatur» gezählt werden wird. Dies Buch ist ein früher, beispielhafter Versuch, Fragen zu stellen und zu beantworten, die später bei den Autoren der Existenzphilosophie und in den populären Spielarten des «Existentialismus» wiederkehren werden, vor allem die Frage: «dies, wie ist es möglich, zu leben, wenn doch die Elemente dieses Lebens uns völlig unfaßlich sind?» Etwa gleichzeitig mit Kafkas «Strafkolonie» vollendet, riskiert dies Buch Durchbrüche zu einer rückhaltlosen Analytik der Angst, die den Anbruch einer neuen Weltstunde erkennen lassen:

Die Existenz des Entsetzlichen in jedem Bestandteil der Luft. Du atmest es ein mit Durchsichtigem; in dir aber schlägt es sich nieder, wird hart, nimmt spitze, geometrische Formen an zwischen den Organen; denn alles, was sich an Qual und Grauen begeben hat auf den Richtplätzen, in den Folterstuben, den Tollhäusern, den Operationssälen, unter den Brückenbögen im Nachherbst: alles das ist von einer zähen Unvergänglichkeit, alles das besteht auf sich und hängt eifersüchtig auf alles Seiende, an seiner schrecklichen Wirklichkeit.

Angst ist zu verstehen als der gnadenlose Fortfall aller inneren Sicherheiten bis auf eine: die Kraft eines bewußt «ausgebildeten» zu dialektischen Akten des «Umschlags» berufenen Fühlvermögens. *Nur ein Schritt*, sagt Malte, *und mein tiefstes Elend würde Seligkeit sein.*

Rilke hat zeitlebens darauf bestanden, daß es unerlaubt sei, ihn selbst mit seinem Helden zu «verwechseln», hat alle Versuche, den *Malte Laurids Brigge* als ein Bergwerk biographischen Materials abzubauen*, als unrechtmäßig verworfen (an R. H. Heygrodt, 24. Dezember 1921) und sich immer bemüht, ein Gefühl von kritischem Abstand zu betonen, wo er das Schicksal des *armen Malte* zur Sprache bringt.

Die Prüfung, die Malte nicht überleben konnte, der Dichter selbst, so scheint es, hat sie bestanden, indem er eben dieses Buch schrieb, d. h. indem er diese verzweifelten Bekenntnisse seines inneren Doppelgängers zu objektivieren vermochte. Mit der Vollendung der «Aufzeichnungen» hat er sich eine «Unterlage» geschaffen für künftige Fortschritte. In diesem Sinne äußert sich, frisch und zuversichtlich, ein Brief an Kippenberg vom 25. März 1910:

Nun kann eigentlich erst alles recht beginnen. Der arme Malte fängt so tief im Elend an und reicht, wenn man's genau nimmt, bis an die ewige Seligkeit; er ist ein Herz, das eine ganze Oktave greift: nach ihm sind nun nahezu alle Lieder möglich.

Aber das neue Beginnen läßt auf sich warten, und der vermeintlich überwundene Malte hängt sich wie ein hungriger Schakal an die Fersen seines Dichters und gibt ihn lange nicht frei. Fast zwei Jahre nach der Loslösung vom Manuskript wird er sich fragen müssen, ob der eingebildete «Untergang» seines Helden ihn nicht doch stärker mitgenommen hat, als er damals hat wahrhaben wollen:

... aber niemand als Du, liebe Lou, kann unterscheiden und nachweisen, ob und wie weit er mir ähnlich sieht. Ob er, der ja zum Teil aus meinen Gefahren gemacht ist, darin untergeht, gewissermaßen, um mir den Untergang zu ersparen, oder ob ich erst recht mit diesen Aufzeichnungen in die Strömung geraten bin, die mich wegreißt und hinübertreibt. Kannst Du begreifen, daß ich hinter diesem Buch recht wie ein Überlebender zurückgeblieben bin, im Innersten ratlos, unbeschäftigt, nicht mehr zu beschäftigen? Je weiter ich es zu Ende schrieb, desto stärker fühlte ich, daß es ein unbeschreiblicher Abschnitt sein würde, eine hohe Wasserscheide, wie ich mir immer sagte; aber nun erweist es sich, daß alles Gewässer nach der alten Seite abgeflossen ist und ich in eine Dürre hinuntergeh, die nicht anders wird. Und wär's nur das: aber der Andere, Untergegangene hat mich irgendwie abgenutzt, hat mit den Kräften und Gegenständen meines Lebens den immensen Aufwand seines Untergangs betrieben, da ist nichts, was nicht in seinen Händen, in seinem Herzen war, er hat sich mit der Inständigkeit seiner Verzweiflung alles angeeignet, kaum scheint mir ein Ding neu, so entdecke ich auch schon den Bruch daran, die brüske Stelle, wo er sich abgerissen hat. Vielleicht mußte dieses Buch geschrieben sein, wie man eine Mine anzündet: vielleicht hätt ich ganz weit wegspringen müssen davon im Moment, da es fertig war. (28. Dezember 1911)

In den Jahren zwischen dem Druck des *Malte* und dem Erscheinen der *Duineser Elegien* (1923) hat Rilke nur ein einziges Buch eigener Dichtung herausgegeben: das *Marien-Leben* (1913). Der Entwicklungsprozeß, der sich hinter diesem langen Schweigen verbarg, ist erst nach dem Tode des Dichters sichtbar und verständlich geworden: durch die Veröffentlichung der zahlreichen Briefbände und eines überaus umfangreichen lyrischen Nachlasses. Was zunächst, nach dem Abschluß des Romans, als ein zeitweiliges Versiegen der schöpferischen Kräfte empfunden wurde, das sollte sich doch bald als eine umfassende Lebenskrise herausstellen und als eine tiefgreifende Veränderung des Bewußtseins. Die Gültigkeit des Rodinschen «Toujours travailler» hatte sich erschöpft, der Formbegriff der *Neuen Gedichte* hatte seine Schuldigkeit getan, die Thematik des «Ding-Gedichts» gab nichts mehr her. *Mit einer Art Beschämung,* so heißt es in dem zitierten Klagebrief an Lou:

denke ich an meine beste Pariser Zeit, die der «Neuen Gedichte», da ich nichts und niemanden erwartete und die ganze Welt mir immer mehr nur noch als Aufgabe entgegenströmte und ich klar und sicher, mit purer Leistung antwortete. Wer mir damals gesagt hätte, daß mir soviel Rückfälle bevorstehn. Ich wache jeden Morgen mit einer kalten Schulter auf, dort, wo die Hand anfassen müßte, die mich rüttelt. Wie ist es möglich, daß ich jetzt, vorbereitet und zum Ausdruck erzogen, eigentlich ohne Berufung bleibe, überzählig?

Erst sehr viel später sollte sich erklären, welchen Sinn dieses Versagen und Versiegen gehabt haben würde. Das Klagen über die eigene «Dürre» sollte noch öfters wiederkehren: als eine durch Jahre hindurch qualvoll empfundene Unfähigkeit, etwas Zusammenhängendes, das den Namen «Werk» verdient hätte, hervorzubringen. Die Summe der zwischen 1910 und 1926 geleisteten Arbeit ist dennoch so groß, daß es erst um 1955 möglich wurde, dem Rilke-Leser einen vollständigen Überblick über das Corpus der verstreuten (noch zu Lebzeiten einzeln veröffentlichten) und der nachgelassenen Gedichte zu verschaffen. Bei einem genauen Studium der Chronologie erweist sich, daß es sowohl vor als auch nach dem glorreichen Februar 1922, dem wir die beiden Hauptwerke der Spätzeit zu verdanken haben, noch mehrere Phasen bedeutender Produktivität gegeben hat, vor allem in den Jahren 1912 bis 1914, ferner im Spätherbst 1915 und dann wieder in der Zeit von Anfang 1924 bis zum Ende des Sommers 1926. In Zwischenzeiten hat der Dichter immer einmal wieder ein Stocken und Nachlassen seiner Schaffenskraft hinnehmen müssen, vor allem in den letzten drei Jahren des Ersten Weltkrieges, wo sie fast gänzlich verstummte. Die Chronologie des Spätwerks gibt Aufschluß auch darüber, daß die nach dem *Malte* einsetzende Ausdruckskrise, insofern sie eine Krise der Formen und Gehalte gewesen ist, im Grunde schon im Januar 1912 überwunden war. Mit den damals entstandenen beiden großen Gedichten, die später als erste und zweite Elegie im Zusammenhang der *Duineser Elegien* ihren Platz finden sollten, hat eine neue Epoche, die letzte, entscheidende, im Werdegang des Dichters begonnen. Mit ihnen tritt der «späte Rilke» auf den Plan.

In den letzten vier Jahren vor Ausbruch des Krieges hat sich der Dichter an rund fünfzig verschiedenen Orten für kurze oder längere Zeit aufgehalten: so stark war seine Unruhe und das Gefühl, in der Pariser Abgeschiedenheit nicht mehr geborgen zu sein. Es verlangt ihn nach «Menschen», obwohl er weiß: *es steht schlecht mit mir, wenn ich auf Menschen warte, Menschen brauche, mich nach Menschen umsehe: das treibt mich nur noch weiter ins Trübere und bringt mich in Schuld; sie können ja nicht wissen, wie wenig Müh, im Grunde, ich mir mit ihnen gebe und welcher Rücksichtslosigkeit ich fähig bin* (an Lou, 28. Dezember 1911).

Seine Einsamkeit ist heimatlos geworden:

Du sollst nur wissen, wie das mit den «Menschen» gemeint war: nicht als eine Weggabe der Einsamkeit; nur, wenn sie weniger in der Luft hinge, wenn sie in gute Hände käme, verlöre sie ganz die Nebengeräusche des Krankhaften ... und ich brächte es endlich zu einiger Kontinuität, statt sie, wie einen verschleppten Knochen, unter lautem Halloh von Gebüsch zu Gebüsch zu tragen (an Lou, 10. Januar 1912).

Er denkt daran, seinem Leben eine gänzlich neue Wendung zu geben, etwa nach München zu gehen und sich an der Universität in wissenschaftliche Studien zu versenken, endlich seine lückenhafte «Bildung» zu ergänzen. Er klagt über nervöse Beschwerden *(mein Körperliches läuft Gefahr, zur Karikatur meiner Geistigkeit zu werden)*, bespricht mit Lou den Plan, sich einer psychoanalytischen Behandlung zu unterziehen (20. Januar 1912), gibt ihn aber schon wenige Tage später wieder auf:

Ich weiß jetzt, daß die Analyse für mich nur Sinn hätte, wenn der merkwürdige Hintergedanke, n i c h t m e h r z u s c h r e i b e n, den ich mir während der Beendigung des Malte öfters als eine Art Erleichterung vor die Nase hängte, mir wirklich ernst wäre. Dann dürfte man sich die Teufel austreiben lassen, da sie ja im Bürgerlichen wirklich nur störend und peinlich sind, und gehen die Engel möglicherweise mit aus, so müßte man auch das als Vereinfachung auffassen und sich sagen, daß sie ja in jenem neuen Beruf (welchem?) sicher nicht in Verwendung kämen (an Lou, 24. Januar 1912).

Was diese kapriziösen und in die eigenen Leiden ein wenig verliebten Briefe verschweigen, ist die Tatsache, daß die «guten Hände», denen man seine irrlaufende Einsamkeit anvertrauen könnte, in Wahrheit schon gefunden sind, und daß der Schreiber schon seit zwei Jahren den Beistand einer neuen und überaus hilfreichen Freundschaft genießen darf, die in den letzten anderthalb Jahrzehnten seines Lebens eine ähnlich maßgebende Rolle spielen sollte wie einst, für den jungen Dichter, das Verhältnis zu Lou. Es ist die Freund-

*Prinzessin
Marie von
Thurn und
Taxis-
Hohenlohe*

schaft der Fürstin Marie von Thurn und Taxis, einer geborenen Prinzessin Hohenlohe-Waldenburg-Schillingsfürst (1855 – 1934). Rilke hatte sie im Dezember 1909 in Paris kennengelernt, und zwar dank einer Initiative der Fürstin, die durch den ihr nahestehenden Rudolf Kaßner (geb. 1873) mit den Schriften des Dichters vertraut geworden war. Kaßner seinerseits wurde im Frühjahr 1910 durch die Fürstin mit Rilke persönlich bekannt gemacht, und es ergab sich eine außerordentlich fruchtbare und geistreiche Konstellation, die für alle drei Beteiligten von nachhaltiger Bedeutung war und auf allen Seiten einen reichen literarischen Niederschlag finden sollte. Während Kaßner für Rilke mehr und mehr in die Rolle des einzigen wirklich ebenbürtigen männlichen Partners hineinwuchs, Rilke aber vor den Augen des Philosophen den Sinn und die Problematik einer durch und durch dichterischen Existenz darzuleben hatte, war die Fürstin für den Dichter nicht nur Gönnerin, Nothelferin und Mäzenin von beträchtlicher gesellschaftlicher Macht, sondern zugleich auch die lebhafteste und gefühlvollste Freundin und eine Muttergestalt von einzigartigem Rang. Die menschliche und geistige Souveränität dieser Frau hat Kaßner in seinem «Buch der Erinnerung» mit unübertrefflichen Worten zu würdigen vermocht:

Marie von Thurn und Taxis ... war zunächst einmal das, was man eben große Dame nennt, sie war es im eminenten Sinne, und hat wohl auf alle Menschen, die ihr nahekamen, als solche gewirkt. Als Österreicherin jenes größeren Österreichs, das durch den Weltkrieg zerstört wurde und trotz politischen Unzulänglichkeiten, ja vielleicht gerade darum als deren Begleiterscheinung, mehr Typen auszubilden verstand als irgendein anderes Land in Europa, ja darin, in der Typenbildung, einen unverkennbaren Segen anzeigte für den, der Öster-

Rudolf Kaßner.
Zeichnung von Ernst Noeter, 1907

reich so sah, wie es wirklich war, wurde sie in Venedig geboren, als es noch zu Österreich gehörte. Diese Tatsache, ferner die Jugendjahre in Duino, Sagrado und im Toskanischen, die enge Verbundenheit durch ihre Mutter aus dem Geschlechte der della Torre, welches Aquileja seine Patriarchen und Mailand eine Reihe von Herzögen gegeben hatte, mit dem Hof des Grafen von Chambord, auch die Beziehung zum Rom Pius' IX., durch ihren Onkel, den Kardinal Hohenlohe, haben ihr Wesen mehr bestimmt als später Wien oder die «böhmischen Wälder», wie sie sich gerne ausdrückte. Italien war ihr nicht wie sonst Deutschen Sehnsucht und Flucht, sondern Erinnerung. Ich denke der Stunde, da ich an ihren Krankenstuhl auf der unvergleichlichen Terrasse des Lautschiner Schlosses herantrat, um mich nach ihrem Befinden zu erkundigen — es war wenige Jahre vor dem Tode —, und sie mir zur Antwort gab, sie habe schon den ganzen Morgen nur einen einzigen Gedanken, und dieser Gedanke sei Geschmack, Geruch, Gefühl, Erinnerung, Sehnsucht und Seligkeit, alles, alles zusammen: die Weintrauben im Herbst an der Ziegelmauer in Sagrado, da sie ein Kind gewesen, und dazu der Geruch der Lorbeerbüsche mit der Sonne darauf und der von brennendem Holz. Das alles habe ihr so deutlich ihre Kindheit zurückgebracht, daß sie nur noch eines daneben zu fühlen vermöge, die Angst, sich aufwachend davon trennen zu müssen. ‹Und sehen Sie, das ist das Glück, das ist wirklich das Glück. Es gibt kein anderes.[1]›»

---

1 R. Kassner, Buch der Erinnerung, 2. Aufl. Zürich 1954, S. 270 f.

Schloß Lautschin in Böhmen

Diese in jedem Sinne «großartige» Frau hat ihren Dichter gewiß von Herzen bewundert, hat ihm zeit seines Lebens die Treue gehalten und nach seinem Tode ein kluges und nobles Erinnerungsbuch über ihn geschrieben, eines der schönsten, die je erschienen sind, aber sie hat ihm, wo es sein mußte, auch den Kopf zurechtsetzen können, daß es eine Art hatte, hat ihre Überlegenheit an Welt, Instinkt und Menschenkenntnis gelegentlich auf die erfrischendste Manier zur Geltung gebracht. Höchst humoristische Effekte konnten entstehen, wenn ihr gesunder Menschenverstand mit den Übertreibungen der Rilkeschen Gefühlskultur zusammenstieß. Als der Dichter ihr wieder einmal von einer quälenden Konfliktlage berichtet, in die ihn eine seiner Anbeterinnen gebracht hat, eine der vielen durch sein Wort und sein menschliches Entgegenkommen erotisierten weiblichen Schwarmgeister, die, je älter er wurde, desto häufiger seinen Weg kreuzten, da gibt sie folgende Antwort:

«Aber Dottore Serafico! *Jeder* Mensch ist einsam, und *muß* es bleiben und *muß* es aushalten und *darf* nicht nachgeben und *muß* die Hilfe nicht in anderen Menschen suchen, sondern in dem geheimnisvollen Walten, das wir in uns fühlen, ohne es zu kennen oder zu verstehen —

Und wer fühlt es so wie Sie, Sie Gottbegnadeter, Sie Undankbarer! Und was brauchen Sie immerfort dumme Gänse retten zu wollen, die sich selbst retten sollen — oder der Teufel soll die Gänse holen, — er wird sie ganz bestimmt wieder zurückbringen (Sie brauchen sich nicht zu ärgern, denn ich kenne Niemanden und weiß von Niemandem).

Es kommt mir vor, D. S., daß der selige Don Juan ein Waisenknabe neben Ihnen war — und Sie tun sich immer solche Trauerweiden aussuchen, die aber gar nicht so traurig sind in Wirklichkeit, glauben Sie mir —

Sie, Sie selbst spiegeln sich in allen diesen Augen — (6. März 1915) Rilke, beschämt und hingerissen zugleich, verspricht sich zu bessern. *Ihr schönes großes Gewitter,* so nennt er in seiner Antwort diesen Brief.

Treffpunkte zwischen Rilke und der Fürstin und Schauplätze eines freundschaftlich-geselligen Umgangs im Kreise der fürstlichen Familie waren vor allem die Taxisschlösser Duino an der Adria (unweit Triest) und das böhmische Lautschin; nicht selten war Kaßner der Dritte im Bunde. Der erste Aufenthalt auf Duino dauerte vom 20. bis zum 27. April 1910, zwölf Tage Venedig schlossen sich an: eine naheliegende Kombination, die sich später noch einige Male wiederholt hat. In einem Brief an Hedwig Fischer vom 25. Oktober 1911 hat der Dichter das kühn gebaute Felsenschloß, dessen Namen seine Dichtung in aller Welt berühmt machen sollte, beschrieben:

... sollen Sie auch gleich wissen, wo ich bin: bei meinen Freunden, in diesem immens ans Meer hingetürmten Schloß, das wie ein Vorgebirg menschlichen Daseins mit manchen seiner Fenster (darunter mit einem meinigen) in den offensten Meerraum hinaussieht, unmittelbar ins All möcht man sagen und in seine generösen, über alle hinausgehenden Schauspiele, — während innere Fenster anderen Niveaus in still eingeschlossene alte Burghöfe blicken, darin spätere Zeiten um alte Römermauern die Milderungen barocker Balustraden und mit sich selbst spielender Figuren gewunden haben. Dahinter aber, wenn man aus allen den sicheren Toren austritt, hebt sich, nicht weniger unwegsam denn das Meer, der leere Karst, und das so von allem Kleineren ausgeräumte Auge faßt eine besondere Rührung zu dem kleinen Burggarten, der dort, wo das Schloß nicht ganz den Abhang bildet, wie die Brandung sich hinunterversucht, und der Wildpark, der den nächsten Ufervorsprung für sich ausnützt, kommt zu Bedeutung; an ihm liegt, verstürzt und hohl, der noch ältere Burgbau, der diesem schon unvordenklichen Schloß noch voranging, und an dessen Vorsprüngen, der Überlieferung nach, Dante verweilt haben soll.

Rilkes zweiter Aufenthalt in Duino begann im Oktober 1911 und erstreckte sich — mit zwei kurzen Unterbrechungen — bis zum 8. Mai 1912. Dieser hochvornehme Herrensitz, dessen Atmosphäre aus der Tiefe der Jahrhunderte gespeist war, mußte für ihn eine schlechthin ideale Klausur darstellen, besonders wenn er, wie diesmal, mit den Nebenpersonen des weitläufigen Haushalts allein war. Doch sollte es erst Januar werden, ehe die neue Einsamkeit sich als ergiebig erwies. Mitte des Monats ist die Lust zu Gedichten wieder da. Heinrich Vogeler, so heißt es in einem späteren Brief an H. Pongs:

dem ich in den Worpsweder Jahren gelegentlich Mariengedichte in ein Gästebuch geschrieben hatte, beabsichtigte diese frühen Verse mit seinen Zeichnungen herauszugeben. Dies zu verhüten und ihm

wenigstens . . . bessere und zusammenhängendere Texte zu liefern,
schrieb ich in wenigen Tagen, bewußt zurückfühlend, diese (bis
auf eines oder zwei) unwichtigen Gedichte, denen das Malerbuch vom
Berge Athos mit seinen Bild-Vorschriften als gegenständliche An-
lehnung diente [1].

So entsteht das *Marien-Leben*: eine der sublimen Parodien Rilkes
auf Figuren der christlichen Heilsgeschichte. Es ist eine Kette von
Hymnen auf das fühlgewaltige Vorrecht der weiblichen «Natur»,
ein Hoheslied auf die durch den «Mann» Christus verursachte Passion seiner Mutter und ein charakteristisches Plädoyer gegen den Sohn
und das «Reich des Sohnes» (Kaßner) überhaupt und *für* die Jung-
frau und das Reich der Kinder, Frauen und Alten:

> *Jetzt liegst du quer durch meinen Schoß,*
> *jetzt kann ich dich nicht mehr*
> *gebären.*

Es ist übrigens das einzige Werk des Dichters, das jemals eine
kongeniale Ergänzung durch eine Nachbarkunst inspiriert und — er-
tragen hat: die Musik Paul Hindemiths (1923).

Aber die Aufzeichnung dieser Verse ist nur der Anfang einer
schöpferischen Bewegung, die den Dichter unversehens zu den kühnsten Fortschritten ermächtigen und auf eine alles Bisherige weit
übertreffende Höhe hinauftragen wird. Was sich in diesen Tagen
ereignet, ist nicht ein willentlich angetriebener «Arbeits»-Prozeß im
Sinne Rodins und Cézannes, sondern ein geheimnisvolles Inspiriert-
und Ergriffenwerden, das die alte platonische Vorstellung von der
«göttlichen» Sendung des Dichters wieder zu bestätigen scheint.
Eines Tages, so hat sich Rilke später, im Gespräch mit der Duineser
Gastfreundin, erinnert, habe ihn die Beantwortung eines lästigen
Briefes im Innern des Hauses festgehalten, während draußen eine
heftige Bora blies und die Sonne auf ein leuchtend blaues und mit
mit Silber übersponnenes Meer herniederschien. Er habe sich ins
Freie begeben und sei, immer noch mit jenem Brief beschäftigt, zu
den Bastionen hinabgestiegen. Dort aber, wohl 200 Fuß über den
Fluten der Adria, sei es ihm plötzlich gewesen, als ob im Brausen
des Sturmes eine Stimme ihm zugerufen hätte: *Wer, wenn ich schriee,*
hörte mich denn aus der Engel Ordnungen? Diese Worte habe er
sogleich niedergeschrieben, und unwillkürlich, ohne sein eigenes Be-
mühn, hätten noch einige weitere Verse sich angereiht. Dann sei er
in sein Zimmer zurückgegangen, und am Abend sei die erste Elegie
vollendet gewesen.

Damit hat der Dichter den hermetischen Kreis einer sprachlichen
Offenbarung betreten, der ihn hinfort von allen Mitlebenden ab-
sondern wird: als den Einen und Auserwählten, der die größte lyrische Dichtung seiner Zeit in deutscher Sprache vollbringen soll.

---

1 nach J. F. ANGELLOZ, a. a. O., S. 284.

Schloß Duino. Aufnahme aus dem Jahr 1910

Damit hat er ein Werkschicksal auf sich genommen, das mehr als zehn Jahre lang unvollendet auf ihm lasten wird, als eine fast übermenschliche Forderung an seine versagenden, verstockten, durch den Krieg und die Nachkriegszeit zutiefst verstörten Kräfte und als der Inbegriff aller Verheißung. Schon im Januar und in den ersten Februartagen 1912 gelingt ihm auch die zweite Elegie. Die Anfänge der dritten, der sechsten, der neunten und einige weitere Bruchstücke werden ihm eingegeben, vor allem der gewaltige Anfang der zehnten:

> *Daß ich dereinst, an dem Ausgang der grimmigen Einsicht,*
> *Jubel und Ruhm aufsinge zustimmenden Engeln.*
> *Daß von den klar geschlagenen Hämmern des Herzens*
> *keiner versage an weichen, zweifelnden oder*
> *reißenden Saiten. Daß mich mein strömendes Antlitz*
> *glänzender mache; daß das unscheinbare Weinen.*
> *blühe. O wie werdet ihr dann, Nächte, mir lieb sein,*
> *gehärmte. Daß ich euch knieender nicht, untröstliche*
> > *Schwestern,*
> *hinnahm, nicht in euer gelöstes*
> *Haar mich gelöster ergab. Wir, Vergeuder der Schmerzen.*

Aber damit ist es für den Augenblick getan, die schöpferische Bewegung ist zum Stillstand gekommen. Erst im Spätherbst 1913 sind neue Versgruppen entstanden, und wieder zwei Jahre später, im

November 1915, wurde das Vorhandene um eine ganze neue Elegie vermehrt; die vierte. Dann wieder Schweigen und Darben, mehr als sechs Jahre lang: ein furchtbarer Kaufpreis für die künftige Vollendung des Ganzen.

Es kann nicht die Aufgabe dieser Darstellung sein, etwas wie eine Interpretation der *Duineser Elegien,* sozusagen im Vorbeigehen, zu versuchen. Ein Werk, dessen künstlerischer und intellektueller Gehalt durch eine ganze Bibliothek kommentierender Literatur nicht ausgeschöpft worden ist, kann nicht mit wenigen Sätzen gewürdigt werden. Genügen muß hier ein kurzer Hinweis auf die innere Logik einer Entwicklung, die den kaum 36jährigen Dichter zu dieser die Kategorie des «Meisterwerks» noch übertreffenden, in den Bereich der prophetischen Rede aufsteigenden Niederschrift befähigt hat. Alle Motive, die in den beiden ersten Elegien zur Sprache kommen sind uns aus früheren Werken schon bekannt. Neu und überwältigend kühn ist ihre Befreiung aus der Vereinzelung und gegenständlichen Gebundenheit des «Dinggedichts» und ihre Verwandlung in Elemente einer umfassenden Auslegung des menschlichen Daseins überhaupt, eines großräumigen, alles Einzelne in die elegisch-hymnische Strömung reißenden Weltgesangs. Ähnlich wie in Hölderlins Spätwerk, ist es die Sorge um die e p o c h a l e S i t u a t i o n des Menschen, die den thematischen Kern des Ganzen bildet; es ist die schon im *Rodin,* im *Malte* und an vielen anderen Orten gestellte Frage nach der «Wirklichkeit» eines Geschlechts, das sich in gültigen Veräußerungen («Bildern», «göttlichen Körpern» usw.) nicht mehr glaubhaft bezeugen kann:

> *Liebende, euch, ihr in einander Genügten,*
> *frag ich nach uns. Ihr greift euch. Habt ihr Beweise?*
> *Seht, mir geschiehts, daß meine Hände einander*
> *inne werden oder daß mein gebrauchtes*
> *Gesicht in ihnen sich schont. Das gibt mir ein wenig*
> *Empfindung. Doch wer wagte darum schon zu s e i n?*
>
> (2. Elegie)

Eine fast systematisch geordnete Seins- und Lebenslehre wird verkündet, ein ganz unabhängiger, ganz persönlicher, von den Erbschaften der abendländischen Überlieferung emanzipierter Mythos, der seine eigenen «Heiligen» hat, seine Vorbilder und Protagonisten: den Helden, die jungen Toten, die Liebenden, die Engel oder auch *den* Engel, der ein Sinnbild des Übernatürlich-Übermenschlichen darzustellen hat, eine Art «Pseudonym Gottes» (Fritz Dehn). Neben diesen namenlosen gibt es die namentlichen Leitfiguren, die durch ihre Aufnahme in diesen endgültigen Text ausdrücklich kanonisiert werden. So in der ersten Elegie die venezianische Dichterin Gaspara Stampa (1523—1554), deren ungestillte und schließlich über den Mann hinweg ins Unendliche gerichtete Liebe zum Grafen Collalto einen bis heute unverminderten Ruhm ausstrahlt:

> *Hast du der Gaspara Stampa*
> *Denn genügend gedacht, daß irgendein Mädchen,*
> *dem der Geliebte entging, am gesteigerten Beispiel*
> *dieser Liebenden fühlt: daß ich würde wie sie?*

Was Rilke besingt, ist ein sinnverkehrtes Gegenstück zum Kosmos der christlich-abendländischen Überlieferung: hierarchisch geordnet zwischen Tieren und Engeln, aber ganz nach «innen» genommen, eine ganz aus Gefühl gemachte, im Unsichtbaren triumphierende Welt. In der All-Einheit dieses verinnerlichten Kosmos ist die Grenze zwischen Leben und Tod nicht mehr gültig und nicht der Gegensatz von Immanenz und Transzendenz:

> *Engel (sagt man) wüßten oft nicht, ob sie unter*
> *Lebenden gehn oder Toten. Die ewige Strömung*
> *reißt durch beide Bereiche alle Alter*
> *immer mit sich und übertönt sie in beiden.*
>
> (1. Elegie)

Das Sein ist reine Immanenz: fühlend-fühlbarer «Weltinnenraum». Dieser dehnt sich bis an die äußersten Grenzen des Alls und hat die Geheimnisse «Gott» und «Tod» gleichsam in sich verschlungen.

Der neuen, größeren Thematik entspricht ein neues Formgesetz: der großbogige Rhythmus, die reimlose Langzeile, das frei schaltende, an einem germanisch-antiken Versgefühl orientierte Metrum. Das «französische» Formideal scheint nicht mehr zwingend zu sein, die Autoritäten der deutschen Klassik gewinnen an Anziehungskraft, unwillkürlich findet sich Rilke in Übereinstimmung mit einer elegisch-hymnischen Tradition, die von Klopstock über Goethe und Hölderlin bis in die Gegenwart heraufreicht. Es ist die Zeit, da er den lange ignorierten Goethe entdeckt, den er noch im *Malte* um Bettinas (einer ungestillt Liebenden) willen befeindet hatte:

Aber hören Sie, wofür ich Ihnen danke, und sagen Sie selbst, ob da mit Dank darf gespart werden —: für die Harzreise im Winter; nicht die Brahmssche (ich kenne fast keine Musik), aber das Goethesche Gedicht, das die pure Herrlichkeit ist. Gelehrtestes Mädchen, das mit jedem Tage immer noch an Weisheit zunimmt, was werden Sie von mir denken, wenn Sie lesen, daß ich diese großen Verse von antikischem Maßhalten (denn sonst entzögen sie sich uns ins Übermaß) nicht gekannt habe bis gestern abend (an N.N., 8. Februar 1912).

Im Dezember 1913 liest er den ganzen Kleist:

... Das hat ja sein Gutes, daß die Umstände mich verhindert haben, mir, wie es sonst jungen Leuten passiert, die ganze Dichtung in zu frühen Jahren vorwegzulesen; so steigt mir das Gewaltigste niegesehen herauf vor dem reifern Gemüt (an Marie Taxis, 16. Dezember 1913).

Tiefer noch hat Hölderlin auf ihn eingewirkt, insbesondere der Dichter der späten Hymnen und Fragmente, der ja mehr als ein Jahrhundert lang verborgen geblieben war und erst kurz vor dem Ersten Weltkrieg entdeckt und durch den George-Schüler Norbert von Hellingrath (1888–1916) öffentlich vorgestellt wurde. Rilke hat den jungen Gelehrten schon 1910 in Paris kennengelernt und seine Arbeit durch Jahre hindurch mit der lebhaftesten Anteilnahme begleitet. Wie mußten diese äußersten Errungenschaften des deutschen Gedichts ihn begeistern, wie vollkommen stimmte das von Hellingrath formulierte Formgesetz der «rauhen Fügung» mit seinen eigenen Formvisionen überein! Der im Sommer 1914 herausgegebene Sonderband «Hölderlin» — ein Vorausdruck aus dem vierten Bande der Hellingrathschen (vorläufigen) Gesamtausgabe — hätte keinen ehrfürchtigeren Leser finden können als den Dichter der *Duineser Elegien,* und alles, was in den ersten Monaten des Krieges entsteht, trägt die Spuren dieser Lektüre. Nicht zuletzt das an Hölderlin selbst gerichtete Gedicht aus dem September 1914, eines der großartigsten Zeugnisse einer souveränen Hölderlin-Nachfolge unter den sprachgeschichtlichen Bedingungen des 20. Jahrhunderts, die wir kennen.

Die beiden bedeutendsten Reisen dieser Jahre sind die nach Nordafrika (Ende November 1910 bis Ende März 1911) und die nach Spanien (November 1912 bis Februar 1913). Erst nach einigem Zögern und dann doch mit einem ganz plötzlichen Entschluß hat sich Rilke auf das afrikanische Unternehmen eingelassen, vor allem deshalb, weil er vom *Malte,* von Paris und von der eigenen unschlüssigen und kränklichen Verfassung einen möglichst weiten Abstand gewinnen wollte. Algier, Biskra, El Kantara und Karthago sind die ersten Stationen, am 17. Dezember ist er in Tunis, am 21. in Kairuan, einer — gleich Mekka — «heiligen Stadt» des Islam:

Wunderbar empfindet man hier die Einfachheit und Lebendigkeit dieser Religion, der Prophet ist wie gestern, und die Stadt ist sein wie ein Reich (an Clara Rilke, 21. Dezember 1910).

Anfang Januar bricht er von Neapel auf zur zweiten Etappe seiner Reise: zunächst nach Kairo, dann nilaufwärts über Memphis und Theben, Luxor und Karnak bis nach Assuan. Aus Luxor schreibt er am 18. Januar 1911 an seine Frau:

Auf dem östlichen (arabischen) Ufer, an dem wir anliegen, ist der Luxortempel mit den hohen Kolonnaden knospiger Lotossäulen, eine halbe Stunde weiterhin diese unbegreifliche Tempelwelt von Karnak, die ich gleich den ersten Abend und gestern wieder im eben erst abnehmenden Monde sah, sah, sah, — mein Gott, man nimmt sich zusammen, sieht mit allem Glaubenwollen beider eingestellter Augen — und doch beginnts über ihnen, reicht überall über sie fort (nur ein Gott kann ein solches Sehfeld bestellen). Da steht eine Kelchsäule, einzeln, eine überlebende, und man umfaßt sie nicht, so steht sie einem über das Leben hinaus, nur mit der Nacht zusammen erfaßt man's irgendwie, nimmt es im ganzen mit

Algerien: Straße in Bou Saada

den Sternen, von ihnen aus wird es eine Sekunde menschlich, menschliches Erlebnis. Und denk, daß drüben, westlich über den beiden Nilarmen und das Fruchtland hin die libyschen Gebirge, von Wüstenlicht blühend, herüberstehn; wir ritten heute durch das gewaltige Tal, in dem die Könige ruhen, jeder unter der Schwere eines ganzen Berges, auf den sich auch noch die Sonne stemmt, als wär's über die Kraft, Könige zu verhalten.

Am 10. Februar ist er wieder in Kairo, im großen ganzen doch ziemlich überanstrengt: *Kairo bringt dreifach Welt über einen,* schreibt er an Kippenberg, *man weiß nicht, wie man alles leisten soll: da ist eine weite, rücksichtslos ausgebreitete Großstadt, da ist das ganze, bis zur Trübe dichte arabische Leben, und dahinter stehen immerfort, abhaltend und mahnend, diese unerbittlich großen*

Karnak: Säulen des Ammontempels

Dinge Ägyptens (10. Februar 1911). Als er von Krankheit befallen wird, rettet ihn der deutsche Baron Knoop (der sich schon im Winter 1907 als Gastgeber Clara Rilkes hilfreich erwiesen hat), indem er ihn für einige Wochen in sein Haus nach Heluan einlädt. Am 29. März kehrt er, leidlich wiederhergestellt, nach Venedig zurück.

Rilkes Ahnung, das *Viele und Ungeheure* der ägyptischen Eindrücke werde *erst später, viel später vielleicht zu leisten sein,* hat sich als zutreffend erwiesen. Wieder ist es der große produktive Rauschzustand der Februartage des Jahres 1922, in dem alle wesentlichen Erinnerungen zusammenströmen und neben anderen Weltgegenden auch der afrikanische Schauplatz von der dichterischen Strömung erfaßt und vergegenwärtigt wird. Karnak wird zweimal gefeiert: in der sechsten, der Gestalt des Helden gewidmeten Elegie und im 22. Stück des zweiten Teiles der *Sonette an Orpheus*, wo es um die *herrlichen Überflüsse unseres Daseins* geht:

> O die eherne Glocke, die ihre Keule
> täglich wider den stumpfen Alltag hebt.
> Oder die e i n e , in Karnak, die Säule, die Säule,
> die fast ewige Tempel überlebt.

Die neunte Elegie nennt den *Töpfer am Nil* (neben dem *Seiler in Rom*), die siebente und die zehnte rühmen den geheimnisvollen Sphinx bei Giseh:

Der Sphinx bei Giseh

> ...der erhabene Sphinx —: der verschwiegenen
> > Kammer
> Antlitz.
> Und sie staunen dem krönlichen Haupt, das für
> > immer,
> schweigend, der Menschen Gesicht
> auf die Waage der Sterne gelegt.

Ist nicht überhaupt der ganze zweite Teil der zehnten Elegie, diese vielleicht großartigste Vision, die Rilke jemals gestaltet hat, als eine dichterische Anverwandlung ägyptischer Landschaft zu verstehen, insbesondere jenes *gewaltigen Tals, in dem die Könige ruhen?* Der Dichter selbst hat sich, um den gedanklichen Gehalt der Elegien zu erklären, auf den ägyptischen Totenkult berufen, muß aber hinzufügen:

> *Obwohl das «Klageland», durch das die ältere «Klage» den jungen Toten führt, n i c h t Ägypten g l e i c h z u s e t z e n ist, sondern nur, gewissermaßen, eine Spiegelung des Nillandes in die Wüstenklarheit des Toten-Bewußtseins* (An Witold Hulewicz, 13. November 1925).

Als Rilke — zwei Jahre später — nach Spanien reist, ist er innerlich viel besser vorbereitet als seinerzeit auf das nördliche Afrika: ein langgehegter Wunsch geht ihm in Erfüllung. Die Briefe, die er uns und über Toledo, Cordoba, Sevilla und Ronda schreibt, zeigen ihn stark und gesammelt und im Vollbesitz seiner imaginativen Kräfte. Aus Toledo wendet er sich an die Fürstin:

> *... eine Stadt Himmels und der Erden, denn sie ist wirklich in beiden, sie geht durch alles Seiende durch, ich versuchte neulich, der Pia es in einem Satz verständlich zu machen, indem ich sagte, sie sei in gleichem Maße für die Augen der Verstorbenen, der Lebenden und der Engel da... Diese unvergleichliche Stadt hat Mühe, die aride, unverminderte, ununterworfene Landschaft, den Berg, den puren Berg, den Berg der Erscheinung, in ihren Mauern zu halten —, ungeheuer tritt die Erde aus ihr aus und wird unmittelbar vor den Toren: Welt, Schöpfung, Gebirg und Schlucht, Genesis.* (An Marie Taxis, 13. November 1912.)

Wie alle neuentdeckten Städte und Landschaften seines Lebens, so wird ihm auch die spanische Szenerie zur objektiven Entsprechung für innere Zustände, Stimmungen und Fortschritte seiner intellektuellen Entwicklung. Merkwürdig ist, daß gerade Spanien, das «katholischste» aller europäischen Länder, ihn dazu bringen kann, seine seit Jahren anwachsende Abneigung gegen den christlichen Glauben mit einer bisher nie erlebten Schärfe zu formulieren. In einem Brief aus Ronda kann er sagen:

> *Übrigens müssen Sie wissen, Fürstin, ich bin seit Cordoba von einer beinah rabiaten Antichristlichkeit, ich lese den Koran, er nimmt mir, stellenweise, eine Stimme an, in der ich so mit aller Kraft drinnen bin, wie der Wind in der Orgel. Hier meint man in*

«Toledo». Gemälde von El Greco. New York, Metropolitan Museum

einem christlichen Lande zu sein, nun, auch hier ist's längst überstanden, christlich war's, solang man hundert Schritte vor der Stadt
den Mut hatte, umzubringen; darüber gediehen die vielen anspruchslosen Steinkreuze, auf denen einfach steht: hier starb der
und der –, wirklich, man soll sich länger nicht an diesen abgegessenen Tisch setzen, und die Fingerschalen, die noch herumstehen, für
Nahrung ausgeben. Die Frucht ist ausgesogen, da heißt's einfach,
grob gesprochen, die Schalen ausspucken. Und da machen Protestanten und amerikanische Christen immer noch wieder einen Aufguß mit diesem Teegrus, der zwei Jahrtausende gezogen hat, Mohammed war auf alle Fälle das Nächste; wie ein Fluß durch ein Urgebirg, bricht er sich durch zu dem einen Gott, mit dem sich so
großartig reden läßt jeden Morgen, ohne das Telefon «Christus», in

Eleonora Duse

das fortwährend hinein-
gerufen wird: *Hallo, wer
dort? — und niemand ant-
wortet.* (Ronda, 17. De-
zember 1912)

Die Sympathie für den
Islam, die er schon in Kairuan empfunden hatte, ist
also inzwischen nur noch
lebhafter geworden. Reli-
gion — so wollte es seine
Andacht für das «Ganze»,
für das Wunder des Welt-
innenraums — sollte gera-
de nicht auf den Glauben,
die Erlösung und die Mitt-
lerschaft angewiesen sein.
Religion war ihm Inne-
sein, ein Verhältnis «ohne
Gegenteil», also Religion
des «Volkes» oder des
«Blutes». Darum hat er
auch später, nach der Vollendung der *Elegien*, großen Wert darauf gelegt,
daß ihr Engel «bärtig» zu
denken sei und nicht mit
den Vorstellungen der
christlichen Überlieferung
verwechselt werden dürfe:

*Der «Engel» der Elegien hat nichts mit dem Engel des christli-
chen Himmels zu tun (eher mit den Engelgestalten des Islam).* (An
Hulewicz, 13. November 1925)

Charakteristisch für Rilkes Entwicklung ist der auch in Krisen-
zeiten ungebrochene «Eigensinn», die fortwährende Übereinstimmung mit sich selbst, die konsequente und vollkommen unabge-
lenkte Selbstentfaltung einer urpersönlichen, schon in den Engel-
und Mädchenliedern von 1898 erkennbaren Thematik. Im Hinblick
auf seine frühen Versuche kann er sagen:

*Ich verleugne sie nicht, aber es scheint mir, als ob ich so sehr ei-
nes und immer dieses Eine zu sagen hätte, daß sie später einfach ersetzt worden sind durch den besseren und erwachseneren Ausdruck
und so überhaupt nur etwas wie überlebende Provisorien darstellen dem Definitiven gegenüber.* (An St. Zweig 14. Februar 1907)

Auch wo er übersetzte — und er hat in den Jahren vor dem Kriege, um auch während der Brachezeiten seines Talents die formen-
den Kräfte zu beschäftigen, viel und eifrig übersetzt —, auch dann
ließ sein Thema ihn nicht los. Nach der Verdeutschung der Barrett-

Browningschen Sonette hat er noch dreimal bedeutende Dokumente zur Geschichte der weiblichen Liebeskraft übertragen: einen alten französischen Sermon, der mit einer gewissen Wahrscheinlichkeit dem Bossuet (1627—1704) zugeschrieben wird: «Die Liebe der Magdalena» (erschienen 1912); dann die «Portugiesischen Briefe» der Nonne Marianna Alcoforado (1640—1723), die zu den berühmtesten Liebesbriefen der Weltliteratur gehören (erschienen 1913); schließlich «Die vierundzwanzig Sonette der Louize Labé, Lyoneserin 1555» (erschienen 1918). Diese Galerie der großen Liebenden, deren ungestilltes Gefühl alle Grenzen menschlicher Fassungskraft zu sprengen scheint: war sie nicht seine ganz persönliche Entdeckung, und stand und fiel nicht seine Konzeption des Weltinnenraums, ja sein eigentümlicher Wirklichkeitsbegriff mit der Glaubwürdigkeit ihrer Martyrien? Unter den bedeutenden Frauen seiner Zeit war es vor allem Eine, die seinen Vorstellungen entsprechen mußte: Eleonora Duse (1859—1924). Er hat ihre Freundschaft gesucht und gefunden; im Sommer 1912, den er als Gast der Fürstin Thurn und Taxis ganz in Venedig verbrachte, war er fast täglich mit ihr zusammen:

... Können Sie sich vorstellen, wir waren wie zwei, die in einem alten Mystère zur Handlung kommen, sprachen, wie im Auftrag einer Legende, jeder sein sachtes Teil. Ein Sinn kam unmittelbar aus dem Ganzen und ging sofort über uns hinaus. (An Marie Taxis, 12. Juli 1912)

Und doch zeigt es sich gerade im Umgang mit der Duse, wie wenig Rilkes Verehrung für die Größe der Frau eine blinde Ideologie gewesen ist, wie sehr überhaupt in diesen Jahren seine virtuose Rührseligkeit ihre notwendige Rückseite hervorkehrt: ein nicht weniger virtuos ausgebildetes Gefühl für das Groteske:

Jetzt nützt sie sich ab, verwohnt sich den eigenen Körper... Im September wollte sie her zurückkommen, aber das Haus, das sie meint, ist nicht gefunden, auch genügt eine halbe Stunde, damit sie eine Wohnung abnutze, sogar der Plafond ist nicht mehr zu brauchen. Es geht eine Unlust, dazusein, in gewissen Momenten von ihr aus, die so penetrant ist, daß den Dingen um sie herum gleichsam die Zähne ausfallen. (An Marie Taxis, 3. August 1912)

Als übersetzerische Aufgabe beschäftigte ihn ferner eine Trouvaille aus dem 19. Jahrhundert: der «Kentauer» von Maurice de Guérin (1810—1839), und André Gides «Rückkehr des verlorenen Sohnes», ein Thema, an dem er selbst sich im *Malte* ja schon einmal versucht hatte. Der Austausch mit Gide (1869—1951), den er 1910 kennengelernt hatte, ist unter den menschlichen Beziehungen der späteren Pariser Jahre eine der erfreulichsten. Gide hat seinerseits Stücke aus dem *Malte* in die eigene Sprache übertragen, er ist damals unter den französischen Autoren von Rang derjenige gewesen, der allem Deutschen gegenüber die lebhafteste Empfänglichkeit bewies:

Gide kann genug Deutsch, um daß man mit ihm einzelne Stellen

wirklich erörtern konnte, das war schön und fruchtbar und ließ mich
vermuten, daß ich recht gut im Sinne seiner Dichtung gehandelt habe.

Und noch etwas viel Erstaunlicheres weiß er zu berichten:

Stellen Sie sich vor, was ich in Gides vortrefflicher Bibliothek ent-
deckte — Sie erraten es nicht: Grimms großes Wörterbuch, ich war
gerade hinter einem Ausdruck her und habe «geweidet» stunden-
lang. (An Anton Kippenberg, 3. Februar 1914)

Zum Pariser Bekanntenkreis gehören auch Romain Rolland, die
geistreiche Comtesse de Noailles *(die kleine, ungestüme Gottheit)*
und der belgische Dichter Emil Verhaeren. Überhaupt ist Rilke, ungeachtet seiner wachsenden Bewunderung für Goethe und Hölderlin, zeitlebens ein aufmerksamer, ja passionierter Beobachter und
Kenner der zeitgenössischen französischen Literatur geblieben. So
ist er z. B. einer der ersten gewesen, der — schon 1913! — Marcel
Proust gelesen und seine außerordentliche Bedeutung erkannt hat.

DER KRIEG

Alle diese fein verästelten internationalen Beziehungen, durch die
Europas beste Köpfe untereinander verbunden waren, alles höhere
Vollbringen, Planen und Hoffen überhaupt wurde durch den Ausbruch des Krieges jäh und brutal unterbrochen. Rilke befand sich
durch Zufall in Deutschland, als die Katastrophe hereinbrach. Acht
Tage lang war er bei Kippenbergs in Leipzig zu Gast gewesen, am
1. August traf er in München ein, um den Nervenarzt Dr. Freiherrn
von Stauffenberg zu konsultieren. Die ungeheure patriotische Begeisterung der Mobilmachungswelle hat ihn mehr geängstigt als hingerissen, und dennoch — merkwürdigerweise — fühlt er sich plötzlich zu einer dichterischen Antwort ermächtigt. Die in den ersten
Augusttagen entstandenen «Fünf Gesänge» sind das einzige lyrische «Zeitdokument», das wir von ihm besitzen, und es ist gewiß
nicht zu viel gesagt, wenn man sie die bedeutendste Dichtung in
deutscher Sprache nennt, die das unselige Ereignis veranlaßt hat:

1

Zum ersten Mal seh ich dich aufstehn
hörengesagter fernster unglaublicher Kriegs-Gott.
Wie so dicht zwischen die friedliche Frucht
furchtbares Handeln gesät war, plötzlich erwachsenes.
Gestern war es noch klein, bedurfte der Nahrung, manns-
$\qquad\qquad\qquad\qquad\qquad\qquad\qquad\qquad$ *hoch*
steht es schon da: morgen
überwächst es den Mann. Denn der glühende Gott
reißt mit Einem das Wachstum
aus dem wurzelnden Volk, und die Ernte beginnt.
Menschlich hebt sich das Feld ins Menschengewitter. Der
$\qquad\qquad\qquad\qquad\qquad\qquad\qquad\qquad$ *Sommer*

bleibt überholt zurück unter den Spielen der Flur.
Kinder bleiben, die spielenden, Greise, gedenkende,
und die vertrauenden Frauen. Blühender Linden
rührender Ruch durchtränkt den gemeinsamen Abschied
und für Jahre hinaus behält es Bedeutung
diesen zu atmen, diesen erfüllten Geruch.
Bräute gehen erwählter: als hätte nicht Einer
sich zu ihnen entschlossen, sondern das ganze
Volk sie zu fühlen bestimmt. Mit langsam ermessendem
                                Blick
umfangen die Knaben den Jüngling, der schon hineinreicht
in die gewagtere Zukunft: ihn, der noch eben
hundert Stimmen vernahm, unwissend, welche im Recht sei,
wie erleichtert ihn jetzt der einige Ruf; denn w a s
wäre nicht Willkür neben der frohen, neben der sicheren
                                Not?
Endlich ein Gott. Da wir den friedlichen oft
nicht mehr ergriffen, ergreift uns plötzlich der Schlacht-Gott,
schleudert den Brand: und über dem Herzen voll Heimat
schreit, den er donnernd bewohnt, sein rötlicher Himmel.

In einem Augenblick, als selbst Hofmannsthal und Schröder in vaterländische Schwüre ausbrachen und konventionelle Schutz- und Trutzlieder schrieben, hatte Rilke den Mut, die Kraft und die voraussehende Genauigkeit, nicht den Kampf zu verherrlichen, sondern den Schmerz:

5

Auf, und schreckt den schrecklichen Gott! Bestürzt ihn.
Kampf-Lust hat ihn vor Zeiten verwöhnt. Nun dränge der
                              Schmerz euch,
dränge ein neuer, verwunderter Kampf-Schmerz
euch seinem Zorne zuvor.
Wenn schon ein Blut euch bezwingt, ein hoch von den Vä-
                                tern
kommendes Blut: so sei das Gemüt doch
immer noch euer. Ahmt nicht
Früherem nach, Einstigem. Prüfet,
ob ihr nicht Schmerz seid. Handelnder Schmerz. Der
                              Schmerz hat
auch seine Jubel. O, und dann wirft sich die Fahne
über euch auf, im Wind, der vom Feind kommt!
Welche? Des Schmerzes. Die Fahne des Schmerzes. Das
                              schwere
schlagende Schmerztuch. Jeder von euch hat sein schweißend
nothaft heißes Gesicht mit ihr getrocknet. Euer
aller Gesicht dringt dort zu Zügen zusamm.

Zügen der Zukunft vielleicht. Daß sich der Haß nicht
dauernd drin hielte. Sondern ein Staunen, sondern entschlos-
                                                sener Schmerz,
sondern der herrliche Zorn, daß auch die Völker,
diese blinden umher, plötzlich im Einsehn gestört ...

Die erste Niederschrift dieser Verse ist in den von Hellingrath empfangenen Band Hölderlinscher Lyrik eingetragen worden, und mit wieviel Recht haben sie dort ihren Platz gefunden! Niemals ist Rilke seinem großen Vorbild näher gewesen als in diesen Tagen. Die thematische Bezogenheit seiner Kriegsgedichte auf Texte wie «Der Tod fürs Vaterland» (Du kömmst, o Schlacht! Schon wogen die Jünglinge) und «Gesang des Deutschen» (O heilig Herz der Völker, o Vaterland) ist unmittelbar einleuchtend. Selbst die feinen Andeutungen eines überpolitischen Nationalismus, die man auch bei Rilke erkennen kann, sind in einem hölderlinschen Sinne zu verstehen. Man erinnert sich, wie sehr damals das «Vermächtnis» Hölderlins eine Elite deutscher akademischer Jugend begeistert hat, und wie viele mit den reinen, glühenden Gedanken dieses Dichters sich das ungeheure Erlebnis des Krieges zu deuten versucht haben. Auch in Rilkes Freundes- und Bekanntenkreis gab es um 1914 eine Reihe von hochbegabten jungen Männern dieses Schlages, und nicht wenigen von ihnen war das Schicksal der «Frühentrückten» bestimmt. Der Maler Götz von Seckendorff fiel schon 1914, der Dichter Bernhard von der Marwitz 1918, Hellingrath und den genialen Franz Marc (dessen Bilder Rilke zum «Ereignis» geworden waren) verschlang 1916 die Schlacht vor Verdun.

Rilke hat den weitaus größten Teil der Kriegszeit in München verbracht. Alles in allem sind es düstere Jahre gewesen und künstlerisch wenig ergiebige. Das Hochgefühl der *Fünf Gesänge,* dieses hymnische Einstimmen in die allgemeine Ergriffenheit war ihm, wie allen beteiligten Völkern, nur allzu rasch vergangen, um niemals wiederzukehren. Im Sommer 1915 schrieb er an die junge Französin Marthe Hennebert, einen Schützling aus den Pariser Jahren:

Sie werden mir glauben, wenn ich Ihnen sage, daß ich mich seit einem Jahre Schritt um Schritt durch eine Wüste von Nicht-begrei-fen-können und Schmerz fortschleppe; ich leide, nichts sonst, es fehlt mir die geringste Erleichterung durch Tätigsein, denn ich, ich könnte nur für alle, gegen keinen kämpfen. Wird jemals ein Gott genug Linderung haben, um diese ungeheure Wunde zu heilen, zu der ganz Europa geworden ist?

Das Leben selbst mit allen seinen natürlichen Sinnverhältnissen scheint in diesen Jahren außer Kraft gesetzt zu sein. Als die Fürstin ihm auf einer eilig-munteren Postkarte von dem Gott sei Dank immer noch unversehrten Zustand des Schlosses Duino berichtet, gibt er eine Antwort von schneidender Melancholie:

Ihre Briefe gehören für mich zu den ganz ganz wenigen Dingen, die eine Kontinuität bedeuten vom Gewesenen her zum Künftigen,

ich halte mich gleichsam an ihnen hinüber —, wüßt ich nur wohin.
Daß ich nicht schrieb, liegt eben an dieser Verschlossen- und Ver-
drossenheit meiner Natur, der ich nichts abringe, es sei denn eine
Besorgnis oder Beklagung, und wie sollt ich Ihnen mit der kommen
wollen! Auch mit der Freude über den bisher guten Zustand Duino's
zu kommen, hat keinen Sinn —, denn ... Sinn wird erst wieder in
unser Freuen und Hoffen und Leidwesen kommen, wenn wirs wie-
der mit Begreiflicherem, Menschlicherem zu tun bekommen ...
(6. September 1915)

Übrigens ist Duino später doch noch durch Artilleriefeuer fast
vollkommen zerstört worden.

Nur verhältnismäßig wenige Reisen, zwei Kuraufenthalte in Irschenhausen im Isartal (August — September 1914 und Februar
1915) und ein halbes Jahr Wien haben die unruhige Seßhaftigkeit
seines Münchner Lebens unterbrochen. Fast jährlich einmal besuchte
der Dichter Berlin, obwohl dessen forsche und energiegeladene Atmosphäre ihm viel weniger zuträglich war als die zivilere und ge-
lassenere Stimmung der bayerischen Hauptstadt. Nach Wien begab
er sich im Dezember 1915, um — Kriegsdienst zu leisten. War er
noch im Mai dieses Jahres nach einer ärztlichen Musterung für un-
tauglich erklärt worden, so griff doch die Bürokratie schon wenige
Monate später noch einmal und diesmal viel unsanfter zu. Am
4. Januar 1916 mußte er «einrücken», um eine dreiwöchige In-
fanterieausbildung «in den Baracken» über sich ergehen zu lassen.
Ende Januar wurde er ins Kriegsarchiv abkommandiert:

Dort ist meine Lage (Bürostunden von neun bis drei) äußerlich
bequemer und besser, aber wahrscheinlich unhaltbar, wenn es mir
nicht gelingt, zu ganz mechanischen Abschreibe- oder Registrierar-
beiten versetzt zu werden; denn der Dicht-Dienst, zu dem sich die

Die Stiftskaserne in Wien

Hugo von Hofmannsthal

Herren seit anderthalb Jahren geübt haben, ist mir völlig unmöglich. Ich mag ihn nicht beschreiben, er ist sehr dürftiger und
zweideutiger Natur, und eine Ab-
stellung alles Geistigen (wie das
in der Kaserne der Fall war)
scheint beneidenswert neben diesem schiefen und unverantwort-
lichen Mißbrauch schriftlicher
Betätigung. Die Herren selbst
nennen es «das Heldenfrisieren»
lange graute ihnen, nun haben
sie sich dazu überwunden und
werfens aus dem Handgelenk. Es
wird sicher viele Schwierigkeiten
geben, — vor der Hand weiß man
nicht, was mit mir anfangen, und
hält mich in jenem unabsehlichen
Müßiggang, der zu den stärksten
militärischen Erfahrungen gehört. (An Kippenberg, 15. Februar 1916)

Seine Stimmung charakterisiert
er vortrefflich in einem einzigen
Satz:

Ich schmecke, wenn ich mich einen Moment koste, nichts als Ge-
duld, Geduld, in der nichts aufgelöst ist, pure, farblose Geduld

Am 9. Juni wird er auf Grund einer freundschaftlichen Inter-
vention aus seiner mißlichen Lage befreit und hält die Entlassungs-
papiere in der Hand. Einige Wochen bleibt er noch in Rodaun bei
Wien und läßt sich hier von Lou Albert-Lasard, einer ihm von Paris
Irschenhausen und München her befreundeten Malerin, porträtieren
Die Nähe Hugo von Hofmannsthals, der in Rodaun ein Barockschlöß-
chen bewohnt, ist wohltuend spürbar:

Sie müssen wissen, Fürstin, wie lieb und angenehm sich die guten
Hofmannsthals, beide, als Nachbarn erweisen: das sind sie für uns
einmal durch unser Wohnen in dem altmodischen Stelzerscher
Gasthof, dann auch, weil wir wirklich in dem gegenüber Hofmanns
thals gelegenen kleinen Pavillon arbeiten, den dazu gehörigen Gar
ten mit ausnutzend, in dem jetzt Pfingstrosen und Rosen, einander
überholend, aufgehen. (2. Juli 1916)

Am 20. Juli kehrt er nach München zurück und richtet sich in seinem gastlich-schattigen Häuschen in der Keferstraße, unmittelbar
am Rande des Englischen Gartens gelegen, wieder ein. —

Wenn man von den ersten Wochen nach Kriegsausbruch absieht
so ist während dieser Jahre nur eine einzige Phase zu verzeichnen
in der die innere Erstarrung sich löst und die dichterischen Quellen

wieder zu fließen beginnen: der Spätherbst 1915. Nicht nur die ganze vierte Elegie ist damals entstanden, sondern auch eine Reihe von außerordentlichen Fragmenten und Entwürfen, ein Meisterstück wie *Der Tod Moses*, eine geniale, bis an die äußersten Grenzen des Ausdrucks vordringende Kühnheit wie *Der Tod*:

> *Da steht der Tod, ein bläulicher Absud*
> *in einer Tasse ohne Untersatz.*
> *Ein wunderlicher Platz für eine Tasse:*
> *steht auf dem Rücken einer Hand. Ganz gut*
> *erkennt man noch an dem glasierten Schwung*
> *den Bruch des Henkels. Staubig. Und: «Hoff-nung»*
> *an ihrem Bug in aufgebrauchter Schrift.*
>
> *Das hat der Trinker, den der Trank betrifft,*
> *bei einem fernen Frühstück ab-gelesen.*
>
> *Was sind denn das für Wesen,*
> *die man zuletzt wegschrecken muß mit Gift?*
> *Blieben sie sonst? Sind sie denn hier vernarrt*
> *in dieses Essen voller Hindernis?*
> *Man muß ihnen die harte Gegenwart*
> *ausnehmen wie ein künstliches Gebiß.*
> *Dann lallen sie. Gelall, Gelall . . .*
>
> . . . .
>
> *O Sternenfall,*
> *von einer Brücke einmal eingesehn —:*
> *Dich nicht vergessen. Stehn!*

Seit den krassesten Stellen des *Malte* hat man eine so scharfe, beißende Sprache nicht mehr vernommen. Hier haben wir das groteske Gegenstück zur «innigen» Idee vom «eigenen Tode». Auch die damals, am 22. und 23. November 1915, entstandene Elegie ist auf einen düsteren, novemberlichen Ton gestimmt. Sie unterscheidet sich schon im Versmaß — fünffüßiger Jambus — von den meisten anderen Duineser Gesängen, die in hymnisch-daktylisch bewegten Maßen geschrieben sind. Sie ist von allen Elegien die bitterste, sie bringt die melancholische Seite der spätrilkeschen Lebenslehre zur Sprache. Die tragische Unsicherheit der Menschen im Gegensatz zu allem natürlichen, pflanzlichen und tierischen Dasein ist das Thema:

> *O Bäume Lebens, o wann winterlich?*
> *Wir sind nicht einig. Sind nicht wie die Zug-*
> *vögel verständigt. Überholt und spät,*
> *so drängen wir uns plötzlich Winden auf*
> *und fallen ein auf teilnahmslosen Teich.*
> *Blühn und verdorrn ist uns zugleich bewußt.*
> *Und irgendwo gehn Löwen noch und wissen,*
> *solang sie herrlich sind, von keiner Ohnmacht.*

Die kühn verknappte Eingangszeile scheint einen vorwinterlichen Augenblick unter entlaubten Bäumen, etwa bei einem Spaziergang durch einen Münchner Park, heraufzurufen: Bäume wissen ihren Winter, menschliches Leben weiß den seinigen nicht. Was in idealistischer, auch in christlich-dogmatischer Sprache «Freiheit» hieße, in Rilkes Augen ist es die reine Unnatur und heillose Zweideutigkeit:

> *Ich will nicht diese halbgefüllten Masken,*
> *lieber die Puppe. Die ist voll. Ich will*
> *den Balg aushalten und den Draht und ihr*
> *Gesicht aus Aussehn. Hier. Ich bin davor.*

In einer visionären Bildersprache, in der die autobiographische Erinnerung und die wagende Spekulation sich gegenseitig hermetisch-rätselhaft durchdringen, und mit einer zwingenden, beinah harten denkerischen Konsequenz, die den hohen Stil von Kleists «Marionettentheater» noch einmal zu erreichen vermag, wird hier das Drama des menschlichen Bewußtseins beschworen:

> *... wenn mir zumut ist,*
> *zu warten vor der Puppenbühne, nein,*
> *so völlig hinzuschaun, daß, um mein Schauen*
> *am Ende aufzuwiegen, dort als Spieler*
> *ein Engel hinmuß, der die Bälge hochreißt.*
> *Engel und Puppe: dann ist endlich Schauspiel.*
> *Dann kommt zusammen, was wir immerfort*
> *entzwei, indem wir da sind.*

Diese vierte, wie jede andere von den zehn Elegien, bekennt den antiplatonischen und antichristlichen Grundaffekt von Rilkes «metaphysischer» Poesie. Immer entschiedener hat der Dichter in jenen Jahren darauf bestanden, den Unterschied von Natur und Freiheit aufzuheben. Der Mensch soll zur Natur übergehen, soll aufgehen in ihr, Substanz in Substanz. In den *Sonetten an Orpheus* wird es heißen:

> *Zu dem gebrauchten sowohl, wie zum dumpfen und stummen*
> *Vorrat der vollen Natur, den unsäglichen Summen*
> *zähle dich jubelnd hinzu und vernichte die Zahl.*

Muß man nicht aus diesem Pathos eine Feindseligkeit, einen Angriff herausfühlen gegen den zentralen Begriff des abendländischen Denkens, den Begriff des Logos? In einem Brief Rilkes aus Duino vom 12. Januar 1912 findet sich folgende Bemerkung:
Ich habe, zu verschiedenen Zeiten, die Erfahrung gemacht, daß sich Äpfel, mehr als sonst etwas, kaum verzehrt, oft noch während des Essens, in Geist umsetzen. Daher wohl auch der Sündenfall. (Wenn es einer war.)
Rudolf Kaßner — in seinem Geleitwort zum Briefwechsel zwi-

schen Rilke und Marie von Thurn und Taxis — hat auf diese Stelle hingewiesen und sie höchst eindrucksvoll interpretiert:

Es sollte alles Geist sein und alles Apfel. Es sollte.. keine Unterschiede geben zwischen Begreifen und Schmecken. Wie es keinen zwischen Bild und Wesen in der Kunst gibt. Es sollte letztlich nicht den Logos geben, den Logos dazwischen, der sich auf der Zunge nicht auflöst und dazu da ist, sich auf der Zunge nicht aufzulösen. Rilke ärgerte sich über den Logos, der auf der Zunge nicht aufgeht wie der Geschmack einer Frucht, er ärgerte sich an ihm, er ärgerte sich an Christus. Nitzsche behauptet, daß mit dem Christentum das Ressentiment in die Welt gekommen sei. Das ist Historismus, höchstens Psychologie. Christus hat das anders, hat es besser, ewiger gesagt, da er vom Ärgernis redete...

Für die nun folgenden Jahre gilt beinah ohne Abstrich, was der Dichter in einem rückblickenden Brief aus dem Jahre 1920 über den Krieg im Ganzen sagt:

Ich war fast alle Jahre des Krieges, par hasard plutôt, abwartend in München, immer denkend, es müsse ein Ende nehmen, nicht begreifend, nicht begreifend nicht begreifend! N i c h t z u b e g r e i f e n : ja, das war meine ganze Beschäftigung diese Jahre, ich kann Ihnen versichern, sie war nicht einfach! (An Leopold von Schlözer, 21. Januar 1920)

Selten ist Rilke für fremde Einwirkungen so empfänglich gewesen wie in dieser Zeit der schwersten Trübung und Behinderung sei-

München: das Haus Keferstraße 2, in dem Rilke vom Herbst 1915 bis zum Sommer 1917 wohnte

ner schöpferischen Natur. Das Lesen müßte ihm zu einer beherrschenden Tätigkeit werden: Hölderlin hat ihn lange beschäftigt, auch Tolstoi, Hamsun, ein Buch wie Gundolfs «Shakespeare und der deutsche Geist», und wie immer, wenn er in seiner Arbeit nicht recht zu Hause war, meldete sich auch wieder das Bedürfnis nach regelrechten «Studien». Unter den neuen Einflüssen, denen er sich eröffnete, ist derjenige des Archäologen und Mysterienforschers Alfred Schuler besonders hervorzuheben. Schuler (1865 — 1923) gehörte mit Klages und Wolfskehl zur Gruppe der Münchner «Kosmiker», die aus dem Kreise um Stefan George hervorgegangen waren. Er war ein Bewunderer und Schüler des Baseler Rechtsgelehrten und Mythenforschers Johann Jacob Bachofen (1815 — 1887) und dessen Lehre vom Mutterrecht weitgehend verpflichtet. Im München der Kriegsjahre hielt er aufsehenerregende und viel umstrittene Vorträge über die römische Antike, insbesondere über das Lebensgefühl und die Kultgebräuche der späten Kaiserzeit. Die «heidnischen» Stimmungen, von denen die Kosmiker bewegt waren, fanden in der mächtigen Beredsamkeit dieses Mannes ihren suggestivsten Ausdruck; eine «Neueinkörperung von unerloschenen Funken ferner Vergangenheiten» hat Klages ihn genannt, und er selbst hat später verfügt, daß er in römischer Tracht zu bestatten sei. Rilke hat ihn schon 1915 gehört und persönlich kennengelernt:

... stellen Sie sich vor, daß ein Mensch, von einer intuitiven Einsicht ins alte kaiserliche Rom her, eine Welterklärung zu geben unternahm, welche die Toten als die eigentlich Seienden, das Toten-Reich als ein einziges unerhörtes Dasein, unsere kleine Lebensfrist aber als eine Art Ausnahme davon darstellte: dies alles gestützt durch eine unermeßliche Belesenheit und von einem solchen Gefälle innerer Überzeugung und Erlebung, daß der Sinn unvordenklicher Mythen, gelöst, in dieses Redebett herbeizustürzen schien, den Sinn und Eigensinn des seltsamen Sonderlings auf seiner großen Strömung tragend ... (An Marie Taxis, 18. März 1915)

Dies spontane Gefühl von Zustimmung und Einverständnis mit den Schulerschen Gedankengängen kann niemanden verwundern: Rilkes Idee einer Raumwelt, seine Passion für das «Offene» als die große Einheit von Leben und Tod hätte nirgends eine leidenschaftlichere Bestätigung finden können als in den Vorträgen dieses eigenwilligen Mystagogen. In einem Gedenkbrief für den toten Schuler, mehr als ein Jahr nach Vollendung der Elegien und Sonette, hat der Dichter seine Dankbarkeit noch einmal zum Ausdruck gebracht:

Ich habe seinem Angedenken eben ein paar grade aufgeblühte Narzissen geholt und sie hingestellt auf den Altar der verlassenen ländlichen Kapelle (neben Muzot), für die ich sorge; — es wird, ihrer Hinfälligkeit halber, keine Messe mehr in ihr gelesen, und so ist sie nun allen Göttern zurückgegeben und immer voll offener einfacher Huldigung.

In den Sonetten an Orpheus steht vieles, was auch Schuler zugegeben haben würde; ja wer weiß, ob nicht manches davon so offen

und geheim zugleich auszusagen, mir aus der Berührung mit ihm
herüberstammt... (An Clara Rilke, 23. April 1923)

Wieder ist in diesem Zusammenhang zu betonen, mit welcher Instinktsicherheit Rilke immer nur diejenigen Elemente aus seiner geistigen Umwelt an sich gezogen und in sich aufgenommen hat, die ihm homogen und zuträglich waren und das eigene Weltverständnis bekräftigen konnten. Fast gleichzeitig mit der Beeinflussung durch Schuler ist in Briefen und Gedichten ein immer lebhafter werdendes Interesse für die Lehre Sigmund Freuds zu beobachten. In Rilkes Augen war es ein und dasselbe denkerische Prinzip, das in Schulers Gräberwelt und in Freuds Monismus des Geschlechtlichen zur Geltung kam: die Absage an das christliche Jenseits, den christlichen Spiritualismus und die «Widernatur» der christlichen Sittlichkeit und die Anerkennung einer alleinen, um das Reich der Toten erweiterten Diesseitigkeit. Schon vor dem Kriege beschäftigt ihn der Gedanke einer Bloßlegung des sexuellen Geheimnisses:

das doch so durch und durch, so an jeder Stelle geheim ist, daß
man es nicht zu verstecken braucht. Und vielleicht ist alles Phallische
(wie v o r -dachte ichs im Tempel von Karnak, denken konnte ichs
noch nicht) nur eine Auslegung des menschlichen Heimlich-Geheimen
im Sinne des Offen-Geheimen in der Natur. Ich kann das ägyptische
Gottlächeln gar nicht erinnern, ohne daß mir das Wort «Blüten-
staub» einfällt. (An Lou, 20. Februar 1914)

Unter den Entwürfen aus dem Spätherbst 1915 befinden sich auch sieben Gedichte zur Verherrlichung des menschlichen Phallus, deren Bildersprache die heikelsten Tabus der europäischen Gesellschaft ignoriert und alle Grenzen des Geschmacks so bedenkenlos überschreitet, daß man mehr als vierzig Jahre lang nicht gewagt hat, sie zu veröffentlichen. (Erst im zweiten Bande der *Sämtlichen Werke*, 1956, sind sie zum ersten Male abgedruckt worden.) Wenn hier der Akt der körperlichen Liebe blasphemischerweise in religiösen Metaphern, stellenweise in Vorstellungen aus der christlichen Heilsgeschichte gefeiert wird, so scheint sich Kaßners Urteil über die Indifferenz von Begreifen und Schmecken und die Leugnung des Logos bei Rilke vollauf zu bestätigen. Hier wird Innigkeit, Weltinnenraumgefühl erlebt als der Rausch der sexuellen Vereinigung: der Schoß der Geliebten ist Raum, All, «Himmel».

In einer kleinen Prosaschrift aus dem Februar 1922 hat Rilke seine Gedanken zur Umwertung der menschlichen Sexualität ausführlich entwickelt und aus den durch Freud und Schuler angeregten Überlegungen entschiedene Konsequenzen gezogen. Dieser *Brief des jungen Arbeiters* fällt ein in den antichristlichen Hymnus auf die Herrlichkeit und Vollmacht des «Hiesigen», den Nietzsche vierzig Jahre zuvor zum ersten Male angestimmt hatte:

Welcher Wahnsinn, uns nach einem Jenseits abzulenken, wo wir
hier von Aufgaben und Erwartungen und Zukünften umstellt sind.
Welcher Betrug, Bilder hiesiger Entzückungen zu entwenden, um sie
hinter unserem Rücken an den Himmel zu verkaufen! O es wäre

längst Zeit, daß die verarmte Erde alle jene Anleihen wieder ein-
zöge, die man bei ihrer Seligkeit gemacht hat, um Überkünftiges
damit auszustatten.

Der Inbegriff irdischer Seligkeit aber ist das Geschlecht, unser
«schönes Geschlecht», also diejenige Kraft, die das Christentum
zwei Jahrtausende lang verdächtigt, verhehlt und — hier fällt das
Stichwort der Psychoanalyse — «verdrängt» hat:

Und hier in jener Liebe, die sie mit einem unerträglichen Inein-
ander von Verachtung, Begierlichkeit und Neugier die «sinnliche»
nennen, hier sind wohl die schlimmsten Wirkungen jener Herab-
setzung zu suchen, die das Christentum dem Irdischen meinte be-
reiten zu müssen. Hier ist alles Entstellung und · Verdrängung, ob-
wohl wir doch aus diesem tiefsten Ereignis hervorgehen und selber
wieder in ihm die Mitte unserer Entzückungen besitzen.

Die Lehre Freuds von der Sexualität des Kindes wird zitiert, eine
Art von psychoanalytischer Kritik der Kultur wird andeutungsweise
vorgebracht. Der Schreiber geht in seiner spekulierenden Leidenschaft
so weit, eine Vergöttlichung des Geschlechts für möglich zu halten,
wenn nicht zu verlangen, d. h. die gottschaffenden Kräfte der menschlichen Seele, die schon lange nicht mehr gebunden sind, an diesen
Mittelpunkt unserer Fühl- und Einbildungskraft zu verweisen:

Warum hat man uns das Geschlecht heimatlos gemacht, statt das
Fest unserer Zuständigkeit dorthin zu verlegen?

Gut, ich will zugeben, es soll uns nicht gehören, die wir nicht im-
stande sind, so unerschöpfliche Seligkeit zu verwalten. Aber warum
gehören wir nicht zu Gott von dieser Stelle aus?

Daß Rilke weit davon entfernt war, zu Freud in das Verhältnis
eines «Schülers» oder «Anhängers» zu treten, das beweist nicht nur
die letzte Wendung, sondern der ganze Text. Niemals hat er Ideen
von anderen Autoren übernommen, ohne sie unwillkürlich in Eigentum zu verwandeln, nach den eigenen Bedürfnissen abzuwandeln.
So hat er hier eine medizinische Erkenntnis umgebildet in ein dichterisches Mythologem: der Hirtengott Priapus tritt an die Stelle des
verdrängten, des spiritualistisch mißverstandenen Christus. Immerhin: der Frieden mit der Psychoanalyse ist gemacht, wenn er auch
ihren praktisch-therapeutischen Ansprüchen weiterhin widerstehen
wird. Am 29. Dezember 1921 schreibt er an Lou:

Bist Du in Wien, liebe Lou? so grüß mir Freud —; ich sehe mit
Freude, wie er nun anfängt, in Frankreich, das sich so lange taul
gestellt hat, bedeutende Wirkungen anzuregen.

Als der Krieg zu Ende ging, war Rilke in seiner Arbeit nur wenige
Schritte vorangekommen, und die Bruchstückhaftigkeit und Abge-
rissenheit seines Werkes mußte ihn schwerer bedrücken als vier
Jahre zuvor. Aber sein Werk war sein Schicksal, nicht die Menschen,
die vielen Menschen, die seine Neigung gewinnen konnten, und die
er mit seinen Briefen verwöhnt hat: Briefen, von denen Kaßner gesagt hat: «Werk und Brief sind hier wie Rock und Futter, doch ist
letzteres aus so kostbarem Material, daß wohl einer einmal auf den

Gedanken verfallen könnte, den Rock mit dem Futter nach außen zu tragen».[1] Was die Menschen betrifft, insbesondere die Frauen, die in den Sog seiner fühlenden Genialität gerieten, so hat er selbst sein Verhältnis zu ihnen am krassesten charakterisiert, wenn er sagt: *sie können ja nicht wissen, wie wenig Müh, im Grunde, ich mir mit ihnen gebe, und welcher Rücksichtslosigkeit ich fähig bin.* Doch wird mit solchen Worten nur die halbe Wahrheit getroffen. Denn Rilke, der — laut Kaßner — der unbedingte Gegenspieler des «dilettantischen» oder «schleuderhaften» Mannes gewesen ist, darum auch «die sogenannte schöne Frau» nicht gesucht oder verlangt oder auch nur anerkannt, sondern «die Frau von der Frau aus empfunden» hat, dieser Rilke hat immer wieder in der leidenschaftlichen Zuwendung der Frauen die Höchstleistung menschlicher Fühlkraft und die ihn selbst genialisierende Wirkung erlebt, um doch immer wieder auch den Rückschlag ins Leere, in die vollkommene Ratlosigkeit zwischen Mensch und Mensch erfahren zu müssen. Das gilt z. B. für die Beziehung zu der Pianistin Magda von Hattingberg (1913/14), die unter dem Namen «Benvenuta» in die Literatur eingegangen ist:

Was schließlich so völlig zu meinem Elend ausfiel, fing mit vielen, vielen Briefen an, leichten, schönen, die mir stürzend von Herzen gingen; ich kann mich kaum erinnern, je solche geschrieben zu haben ...

... als wäre ich auf ein neues volles Entspringen meines eigenen Wesens gestoßen, das nun, in unerschöpfliches Mitteilen gelöst, sich über die heiterste Neigung ergoß, während ich, Tag um Tag schreibend, zugleich seine glücklichste Strömung empfand und das rätselhafte Ausruhen, das ihm in einem empfangenden Menschen aufs Natürlichste bereitet schien.

Und das Ende:
... drei (nichtgekonnte) Monate Wirklichkeit haben etwas wie ein starkes kaltes Glas darüber gelegt, unter dem es unbesitzbar wird, wie in einer Museumsvitrine. (An Lou, 8. und 9. Juni 1914)

Ganz ähnlich lautet, nur wenige Monate später, das Resümee über die Beziehung zu Lou Albert-Lasard, *meiner Freundin Lulu:*

Wie sehr und ob sie wird· ein wenig zu Deinen Töchtern gehören können, das ist ja nicht abzusehn, aber wenn es möglich wäre, daß Du sie liebgewännest, so würde ihr Leben noch einmal eine gute Jahreszeit haben. Ich habe ihr im Ganzen nichts Gutes gebracht, nach ersten freudigen Wochen Gebens und Hoffens (wie ich so bin) das meiste zurückgenommen, alle die Widerrufe meines im Menschlichen so rasch gehemmten Herzens, und nun ists klar· zwischen uns, daß ich nicht helfen kann und daß mir nicht zu helfen ist. (An Lou, 9. März 1915)

Der Fußfall des verlorenen Sohnes am Schluß des *Malte*, die Geste

---

1 R. Kassner, a. a. O., S. 257.

eines Menschen, der liebend nicht lieben kann, ist das tragisch-groteske Modell aller dieser Beziehungen:

Hab ich denn so Helles in Dir angefacht? Solchen Herz-Brand? Liebes Kind, und fühlst nun zu mir zurück — statt weiter fort ins Offene, wohin es Dich doch hinreißt . . . (An die 21jährige Claire Studer, die spätere Gattin Iwan Golls, aus einem Brief vom 29. Dezember 1918)

DIE LETZTE WAHLHEIMAT

Die politischen Ereignisse vom Herbst 1918, die Beendigung der Feindseligkeiten zwischen den Völkern Europas und den Ausbruch der deutschen Revolution hat Rilke mit frisch belebter Zuversicht begrüßt und aufmerksam verfolgt. Nicht nur daß er Hoffnung schöpfen durfte für sich selbst und die eigene, mehr innerlich als äußerlich bedrängte Lage. Was ihm als eine jahrelange Heimsuchung aufgelegen war und ihn mit Unfruchtbarkeit geschlagen hatte, das war ja eben der allgemeine Notstand gewesen, die katastrophale Veränderung des seelischen Klimas ins Unmenschliche, das sinnlos vervielfältigte Massensterben, die unabsehbare Verwüstung. Hing nicht das Los dieses scheinbar so asozialen Menschen viel tiefer und verhängnisvoller mit dem Schicksal der zeitgenössischen Gesellschaft zusammen als etwa die bloß rhetorische Existenz gewisser politisch «engagierter» Räsonneure und Stückeschreiber, die sich im Vordergründigen tummelten und mit den Aktualitäten des Tages wieder verschwanden? Wo Rilke sich politisch teilnehmend zeigte, da geschah es an jenen pathetischen Wendepunkten der Geschichte, die eine Steigerung des Menschen über seine ewige moralische Mittelmäßigkeit zu begünstigen scheinen, doch niemals auf Kosten einer unbefangenen Einsicht in den wirklichen Gang der Dinge. Als im November 1918 die revolutionäre Bewegung auch in München und auf münchnerische Weise zu Stimme und Ansehen kam, da wurde er von einem Gefühl der Befreiung aus einer abgelebten politischen Misere ergriffen. Nicht anders als im August 1914, glaubte er den Anzeichen einer allgemeinen Sinnesänderung vertrauen zu dürfen:

In den letzten Tagen hat München etwas von seiner Leere und Ruhe aufgegeben, die Spannungen des Augenblicks machen sich auch hier bemerklich, wenngleich sie zwischen den bajuwarischen Temperamenten sich nicht gerade geistig steigernd benehmen. Überall große Versammlungen in den Brauhaussälen, fast jeden Abend, überall Redner, unter denen in erster Reihe Professor Jaffé sich hervortut, und wo die Säle nicht ausreichen, Versammlungen unter freiem Himmel nach Tausenden. Unter Tausenden auch war ich Montag abend in den Sälen des Hotel Wagner, Professor Max Weber aus Heidelberg, Nationalökonom, der für einen der besten Köpfe und für einen guten Redner gilt, sprach, nach ihm in der Diskussion der anarchistisch überanstrengte Mühsam und weiter Studenten, Leute,

Rilkes Paßbild, München 1918

die vier Jahre an der Front gewesen waren, — alle so einfach und offen und volkstümlich. Und obwohl man um die Biertische und zwischen den Tischen so saß, daß die Kellnerinnen nur wie Holzwürmer durch die dicke Menschenstruktur sich durchfraßen, — wars gar nicht beklemmend, nicht einmal für den Atem; der Dunst aus Bier und Rauch und Volk ging einem nicht unbequem ein, man gewahrte ihn kaum, so wichtig wars und so über alles gegenwärtig klar, daß die Dinge gesagt werden konnten, die endlich an der Reihe sind, und daß die einfachsten und gültigsten von diesen Dingen, soweit sie einigermaßen aufnehmlich gegeben waren, von der ungeheuren Menge mit einem schweren massiven Beifall begriffen wurden. Plötzlich stieg ein blasser junger Arbeiter hinauf, sprach ganz einfach: «Haben Sie oder Sie, habt Ihr», sagte er, «das Waffenstillstandsangebot gemacht? und doch müßten w i r das tun, nicht diese Herren da oben; bemächtigen wir uns einer Funkenstation und sprechen wir, die gewöhnlichen Leute zu den gewöhnlichen Leuten drüben, gleich wird Friede sein». Ich wiederhole das lange nicht so gut, wie er es ausdrückte, plötzlich als er das gesagt hatte, stieg ihm eine Schwierigkeit auf, und mit rührender Gebärde, nach Weber, Quidde und den anderen Professoren, die neben ihm auf dem Podium standen, fuhr er fort: «Hier, die Herren Professoren, können französisch, die werden uns helfen, daß wirs richtig sagen, wie wirs meinen...» Solche Momente sind wunderbar, und wie hat man sie gerade in Deutschland entbehren müssen, wo nur die Aufbegehrung zu Worte kam, oder die Unterwerfung, die in ihrer Art auch nur ein Machtanteil der Untergebenen war. (An Clara Rilke, 7. November 1918)

Aber schon wenige Wochen später ist seine aufkeimende Hoffnung in Enttäuschung umgeschlagen, und der Stoff der politischen Angelegenheiten hat sich in das trübe, undurchsichtige und moralisch minderwertige Material zurückverwandelt, das ihm aus früheren Erfahrungen nur allzu bekannt ist:

...unter dem Vorwand eines großen Umsturzes arbeitet die alte Gesinnungslosigkeit weiter und tut mit sich selber unter der roten Fahne groß. Es ist furchtbar, es zu sagen: aber dies ist alles ebensowenig w a h r, wie die Aufrufe, die zum Kriege aufgefordert haben; weder dies noch jenes ist vom Geiste gemacht. Der sogenannte Geist

Herbst 1917 in Böckel

kam auch diesem Ereignis erst nach und konnte, genau wie 1914, sich nur noch «zur Verfügung stellen», was für den Geist, muß man zugeben, nicht eben sehr großartig ist. Zunächst sind wir alle um das Aufatmen gekommen; beschäftigt damit, den Frieden aufzulesen, der, aus allen Händen fallend, in tausend Stücke zersprungen ist, haben wir ihn nie im Ganzen gesehen und hätten doch gerade d i e s e s bedurft: uns seine Größe vorzustellen, seine reine Größe nach der wirren Monstrosität des Krieges ... Dabei diese Verführung zu politischem Dilettantismus, die die Leute verleiten möchte, außerhalb ihrer Kenntnis und Übung, sich am Allgemeinen zu versuchen und dort das Experiment einzuführen, wo nur das Weiseste und Erwogenste zur Wirkung kommen dürfte. (An Anni Mewes, 19. Dezember 1918)

Was Rilkes persönliche Situation betrifft, so gibt er in diesen Wochen nach allen Seiten zu verstehen, daß er nur noch auf Abbruch in München lebt, und wie viel ihm daran liegt, die niemals besonders geliebte Stadt zu verlassen. Seine hübsche Wohnung in der Villa Alberti an der Keferstraße hat er schon im Juli 1917 aufgeben müssen, und eine neue Bleibe hat sich erst im Mai 1918 in der Schwabinger Ainmillerstraße finden lassen. Die dazwischen liegenden Monate hat er zum Teil auf dem westfälischen Gute Böckel bei Bieren, als Gast von Frau Hertha König, einer ihm seit 1910 bekannten Schriftstellerin (Juli bis Oktober), teils in Berlin (Oktober bis Dezember), teils in einem Münchner Hotelzimmer verbracht. Schon im November 1918 wird der Plan einer Vortragsreise in die Schweiz erörtert, aber nicht verwirklicht. Erst Monate später kann er sich wirklich losreißen und diejenige Reise antreten, die ihm seine letzte Wahlheimat erschließen wird. Eine Einladung des «Lesezirkels Hottingen» zu einem Vortragsabend, der am 27. Oktober 1919 in Zürich stattfinden soll, veranlaßt ihn, schon am 11. Juni seiner Münchner Klause den Rücken zu kehren und in die Schweiz aufzubrechen, zunächst nach Bern, dann nach Nyon am Genfer See, wo ihm eine Gräfin Dobrzensky in ihrem Chalet d'Ermitage Zuflucht und Gastfreundschaft angeboten hat. Niemand kann in diesem Augenblick ahnen, wie sehr, wie vollständig die gastliche Schweiz ihn für sich einnehmen wird, und daß er Deutschland niemals wieder betreten soll.

In den nun folgenden Monaten ist er viel unterwegs, der alte Reise-Elan hat ihn wieder ergriffen — «nach fünfjähriger Immobilität» — und gibt ihm ein Gefühl von Verjüngung und Erneuerung an Leib uns Seele:

Zunächst aber trieb es mich, meine «Freiheit» auszunutzen und das Land zu sehen, das ich allerdings in sonstigen Jahren immer nur als Durchgangsland betrachtet habe, in einer Art von Mißtrauen gegen seine zu berühmte, zu deutliche, zu anspruchsvolle «Schönheit». Gebirge sind mir von vornherein nicht leicht zu begreifen, — die Pyrenäen vermochte ich zu sehen, das Atlas-Gebirge in Nordafrika gehört zu meinen erhabensten Erinnerungen, und wenn ich bei Tolstoi vom Kaukasus las, so hatte das das unbeschreibliche Fieber seiner Größe. Aber diese Schweizer Berge? Ein bißchen «Hindernis» scheinen sie mir immerhin, es sind ihrer so entsetzlich viele. Ihre Formen heben sich gegenseitig auf; daß irgendwo ein Kontur rein gegen den Himmel verläuft, kann ich wohl mit Genugtuung feststellen, — aber es fehlt mir, wie soll ich das ausdrücken, das Gleichnis, die innere fühlbare Parallele dazu, die erst den Eindruck zum Erlebnis macht. Erst ließ ich mich ein wenig mit den Städten ein: Genf, (das ja von Nyon nur eine kleine Autofahrt entfernt ist) — dann Bern: und das war sehr sehr schön. Eine alte, ständige, in manchen Teilen noch ganz unverdorbene Stadt, mit allen Eigenschaften zuverlässigen und tätigen Bürgertums, bis an ein recht hohes Selbstbewußtsein heran, das sich in gleichgesinnten Häusern ausspricht, die sich nach der Gasse zu über ihren Steinlauben etwas verschlossen spreizen, aber nach der Aare hin, in den schönen Gartenfronten mitteilsameren und offeneren Sinnes sind. (An Gräfin Aline Dietrichstein, 6. August 1919)

Von Ende Juli bis Ende September ist er in Soglio im Bergell und genießt die Atmosphäre eines alten Palazzo der berühmten bündnerischen Familie von Salis, in dem eine Pension eingerichtet worden ist.

Im Oktober führt ihn die seit langem geplante Vortragsreise über Zürich nach St. Gallen, Luzern und Bern und schließlich, am 28. November, nach Winterthur, wo er in den kunstliebenden Brüdern Werner, Oskar, Georg und Hans Reinhart neue Freunde gewinnt. Fast gleichzeitig hat auch die bürgerliche Aristokratie von Basel, insbesondere das Haus Burckhardt, sich für ihn und sein äußeres Schicksal zu interessieren begonnen, und schon am Weihnachtsabend des Jahres 1919 erreicht ihn in Locarno ein verheißungsvoller Brief von Dory von der Mühll, der Schwester des Historikers und späteren Ministers Carl Burckhardt, der eine Einladung in Aussicht stellt. Rilke horcht auf, sieht eine neue Chance für seine Arbeit am Horizont: *Gnädigste Frau, dieser neue Vorschlag... die Stimme sagt mir Innen: das ists, das ists, wenn sie nicht irrt —; aber wie sollte sie irren in der Weihnachtsnacht?*

Er gesteht den heimlichen, immer gegenwärtigen Kummer, der an seiner Seele nagt:

Vor Jahren, im Winter 1912, hatte ich das einmal, Stille, Einsamkeit, wirkliche, vier, fünf Monate lang, es war unerhört. Und gerade jetzt sehn ich mich nur nach dem Einen, die damals begonnenen großen Arbeiten (Sie kennen davon noch keine) wieder aufzunehmen; dazu brauchts aber die Ununterbrochenheit und Innerlichkeit, die das Gestein hat im Innern der Berge, wenns sich zum Kristall zusammennimmt. Gestern noch dachte ich mir: wie soll ich mir das von Gott verdienen? Was tut ihm die stumme Kreatur im Mineral dafür, daß er ihr das gewährt, beschäftigt zu sein, jahrelang, mitten im Gesetz —, und reißt sie nicht heraus: sie schafft, sie gelingt! (24. Dezember 1919)

Aber auch der Schutz der Burckhardtschen Gastfreundschaft, den er von Ende Februar bis Anfang Juni 1920, zunächst im Baseler «Ritterhof», dann auf dem Familiengut Schönenberg bei Pratteln in Anspruch nehmen darf, ist noch nicht stark genug, den ersehnten Anschluß an das Eine und Eigentliche zu ermöglichen. Noch ist das Gefühl der «Heimat- und Heimlosigkeit» nicht gebannt, wieder treibt ihn im Sommer und Herbst dieses Jahres die innnere Unruhe kreuz und quer durch das ganze Land und zweimal auch über seine Grenzen hinaus. Vom 11. Juni bis Mitte Juli ist er in Venedig, um die treue Fürstin Taxis zu treffen und noch einmal im geliebten Mezzanino des Palazzo Valmarana, den er 1912 einen ganzen Sommer bewohnt hat, Quartier zu nehmen. Im Oktober, endlich, feiert er Wiedersehen mit Paris und ist «acht unbeschreibliche Herbsttage» lang überaus glücklich:

...was soll ich sagen, es ist vollkommen, vollkommen gut; ich empfinde, zum ersten Mal seit den entsetzlichen Jahren, wieder die Kontinuität meines Daseins, auf die ich schon verzichten wollte: denn auch die Schweiz setzte nur die Unterbrochenheiten (milder, gefälliger, verdeckter, wenn Sie so wollen —) fort, aber hier, hier: la même plénitude de vie, la même intensité, la même justesse même dans le mal — — —: ganz unabhängig vom politischen Gedräng und Gemächte, ist alles im Großen geblieben, drängt, treibt, glüht, schimmert: Oktober-Tage: Sie kennen sie. (An Gräfin Mirbach-Geldern, 27. Oktober 1920)

Als der Winter vor der Tür steht, der nach des Dichters entschiedener Absicht ein «Arbeitswinter» werden soll, ist eine Unterkunft nicht gefunden, und er trägt sich mit dem Gedanken, das Land nun doch wieder zu verlassen. Wieder bewährt sich das «Wunder der Schweizer Gastfreundschaften»: Frau Nanny Wunderly-Volkart, eine Cousine Werner Reinharts (aus dem Winterthurer Kreise), die er seit dem Herbst 1919 kennt, hat eine ideale Bleibe für ihn gefunden: Schloß Berg am Irchel, das einem Obersten Ziegler gehört, auf halbem Wege zwischen Zürich und dem Rhein:

Unter Bedingungen, die etwa denen in Duino gleichen, das war für mich ausschlaggebend. Ich hause allein in dem festen, Jahrhun-

Schloß Berg am Irchel

derte alten Steinhaus, allein mit einer Wirtschafterin, die mich ebenso schweigsam versorgt, wie ich mich schweigsam versorgen lasse;
ein verlassener Park, der gegen die stille Landschaft zu offen steht,
keine Bahnstation in der Nähe und gegenwärtig obendrein lauter,
wegen der Maul- und Klauenseuche, abgesperrte Straßen — donc
retraite absolue. (An Marie Taxis, 19. November 1920)

Und wirklich: die stetige (nur einmal unterbrochene) Einsamkeit
auf Berg, ganze sechs Monate lang, ist nicht vergeblich gewesen.
Zahlreiche Entwürfe, Fragmente und tiefsinnig-zarte «Widmungen»
für befreundete Menschen zeugen von einer allmählich erwarmen-
den Produktivität. Die bedeutendste Hervorbringung dieses Winters
ist das große Kindheitsgedicht *Laß dir, daß Kindheit war*, das die
Stufe der «Elegien» wieder erreicht und ursprünglich auch in den
Duineser Zyklus aufgenommen werden sollte. Ein höchst merkwür-
diges Ereignis, das in die ersten Berger Wochen fällt, ist die Niederschrift einer Folge von Gedichten, von denen Rilke vielfach behauptet hat, sie seien nicht eigentlich von ihm, seien vielmehr von einer
fremden, geisterhaften Person auf ihn übertragen oder ihm diktiert
worden. Eines Abends im ausgehenden November, so hat er später
seinem Verleger diesen Vorfall erzählt, «habe er beim Auskleiden
Verse vor sich hingesprochen, unter anderen:

> *Berge ruhn, von Sternen überprächtigt; —*
> *aber auch in ihnen flimmert Zeit.*
> *Ach, in meinem wilden Herzen nächtigt*
> *obdachlos die Unvergänglichkeit —*

137

und sich erstaunt gefragt: Diese pathetischen Verse sind doch nicht von dir! Ein wenig beunruhigt habe er sich wieder angekleidet und sich an den Kamin gesetzt. Plötzlich habe er auf dem Stuhl ihm gegenüber einen altmodisch gekleideten Herrn erblickt, der habe ihm aus einer alten vergilbten Handschrift Gedichte vorgelesen, in denen die Verse vorgekommen seien, die Rilke vor sich hingesprochen habe. Diese Verse habe er dann nachgeschrieben».[1]

Auf diese Weise ergab sich der Zyklus *Aus dem Nachlaß des Grafen C. W. :* ein Zusammenhang von zehn Gedichten, der ein paar Monate später durch weitere elf ergänzt worden ist. Da der Dichter auf Schloß Berg außer einem Goethe nichts fand, was seinem Bedürfnis nach Ahnenkult, alter Bibliothek und dem Zauber nachgelassener Papiere entsprochen hätte, machte er sich, wie er an die Fürstin schreibt, *in halber vorläufiger Produktivität daran, ein Heft Gedichte zu verfassen, das ich vorgab, hier in einem Schranke gefunden zu haben.* Er *erfand* also diesen Grafen und begabte ihn mit eigenen Erinnerungen, Melancholien, Imaginationen, suggerierte ihm den Rilkeschen Familientick und schenkte ihm eigene Reiseerlebnisse und so mondän-betuliche Gedichtanfänge wie diesen:

> In Karnak wars. Wir waren hingeritten
> Hélène und ich, nach eiligem dîner.
> Der Dragoman hielt an: die Sphinxallee —,
> ah! der Pilon: nie war ich so inmitten
>
> mondener Welt! (Ists möglich, du vermehrst
> dich in mir, Großheit, damals schon zu viel!)
> Ist Reisen — Suchen? Nun, dies war ein Ziel.
> Der Wächter an dem Eingang gab uns erst
>
> des Maßes Schreck. Wie stand er niedrig neben
> dem unaufhörlichen Sich-überheben
> des Tors. Und jetzt, für unser ganzes Leben,
> die Säule —: jene! War es nicht genug?

In der für Kippenberg gegebenen Version der Entstehungsgeschichte dieses Zyklus, möge man sie nun für eine Mystifikation, eine «Dichtung» oder einen wahrhaftigen Bericht über ein halluzinatorisches Erlebnis erklären, kommt jedenfalls ein völlig unbefangener Anspruch auf mediale Erfahrungen zum Ausdruck. Rilkes genial gesteigertes Fühlvermögen, sein zeit- und todverleugnendes Raumgefühl mußte die Anerkennung sogenannter «übersinnlicher» Erscheinungen und Ereignisse für so gut wie selbstverständlich halten. In der Tat haben okkulte Probleme und Experimente, Geisterbeschwörungen und dergleichen ihn lebhaft interessiert; die Fürstin Thurn und Taxis, die Mitglied einer internationalen «Society of

---

1 R. M. RILKE, Briefe an seinen Verleger. Neue, erw. Ausgabe, 1949, Anm. 379

Psychical Research» war, erzählt in ihren Erinnerungen von verschiedenen spiritistischen Sitzungen in Lautschin und Duino, an denen der Dichter teilgenommen habe [1]: er sei mit der Stimme einer «Unbekannten», die vermittels einer «Planchette» zum Reden gebracht worden war, in Austausch getreten, habe die wunderbarsten und tiefsinnigsten Antworten von ihr empfangen und sei z. B. erst durch sie seinerzeit veranlaßt worden, nach Toledo zu reisen. Diese «Unbekannte» hat jahrelang zu den gewichtigsten Motiven der gemeinsamen Erinnerung gehört und ist sehr ernst genommen worden.

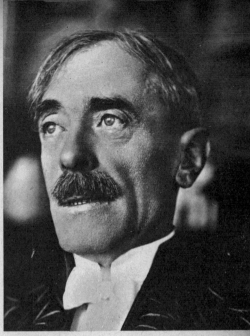

Paul Valéry

Im Frühjahr 1921 erlebte der Dichter eine neue und besonders tiefgreifende Begegnung mit der französischen Literatur, die reiche Früchte tragen sollte. Das an Umfang schmale, an künstlerischer Vollendung aber unvergleichliche Werk Paul Valérys (1871—1945) hatte seine Aufmerksamkeit und alsbald seine rückhaltlose, ja leidenschaftliche Bewunderung erregt, und ohne Zögern entschloß er sich, seine Kräfte an einer Übertragung des großen Gedichts «Le Cimetière marin» (veröffentlicht 1920) zu versuchen. Kaum wäre ein größerer Gegensatz vorzustellen als der zwischen Rilke und Valéry, zwischen dem Dichter der «Seele», des Weltinnenraums, und dem Dichter des «Geistes», dem großen Cartesianer, dem Sänger des harten, klaren mittelmeerischen Lichts. Und doch hat sich zwischen beiden ein freundschaftlich bewegtes Verhältnis ergeben, das zu den großartigsten Konstellationen in der Geistesgeschichte der zwanziger Jahre gehört. Wäre nicht Rilke selbst schon ein Meister seiner Kunst, ein nahezu Vollendeter gewesen, so hätte man das Recht, Valéry für den letzten «Jahres-Regenten» seines Lebens zu erklären. So sehr hat die sublime Kunst des Franzosen ihn begeistert und inspiriert, daß er ihm einen geradezu erlösenden Einfluß auf seine Situation zuschreiben konnte: *Ich war allein, ich wartete,*

1 MARIE VON THURN UND TAXIS, Erinnerungen an R. M. Rilke, München 1932, S. 60 ff, 78 f.

Rilke und Baladine Klossowska

mein ganzes Werk warte
te. Eines Tages las ich Valéry; ich wußte, daß mein
Warten zu Ende war. (Zi-
tiert von Monique Saint-
Hélier in «A Rilke pour
Noël»)

Rilke hat außer den
«Friedhof am Meer» im
Laufe der Jahre noch sech-
zehn weitere Valéry-Ge-
dichte in die eigene Sprache übertragen: *Gipfel der
Herrlichkeit, und nie noch
auch in meinen besten
Übersetzungen, ist mir
eine solche Annäherung
gegeben gewesen* (an Dory
von der Mühll, 7. Februar
1923), schließlich auch der
Dialog «Eupalinos oder
über die Architektur», der
1927 im Insel-Verlag er-
schien. Die auf diese Weise entstandenen Texte sind
in der Tat Höchstleistun-
gen kongenialer Mittler-
schaft und gehören zu den
erstaunlichsten Übersetzungen der deutschen Literatur. Valéry, der
des Deutschen nicht mächtig war, hat es Rilke gegenüber bedauert,
nicht mehr als eine «abstrakte» Freude an diesen Arbeiten aufbrin-
gen zu können, aber er hat seine Bewunderung und Zuneigung mit
gleichen Gefühlen erwidert. Unter den vielen klingenden Namen,
die das Gästebuch von Muzot verzeichnet, ist auch der seinige: im
April 1924 hat er den deutschen Dichter dort besucht, und Rilke hat
im Garten des Schlosses eine Weide gepflanzt zur Erinnerung an
dieses denkwürdige Ereignis. Das letzte Zusammentreffen ergab
sich am 13. September 1926, nur wenige Monate vor Rilkes Tod, in
Anthy am Genfer See, wo man im Park eines Freundes von Valéry
mehrere Stunden miteinander promenierte.

Mitte Mai mußte Rilke Schloß Berg, das in die Hände eines festen Mieters übergehen sollte, verlassen. Die folgenden Wochen, bis
Ende Juni, verbrachte er in Etoy über dem Genfer See, wo er in einer ehemaligen Augustiner-Probstei eine sehr ansprechende, von
Rosen umblühte Unterkunft gefunden hatte. Im nahegelegenen Rolle konnte er Wiedersehen feiern mit seiner alten Dueneser Gastfreundin, die ihm das von gewissen Konflikten bedrückte Gemüt wieder
aufrichtete und ihm auch den verzweifelten Plan, das Elegienwerk

in fragmentarischer Form zu veröffentlichen, energisch ausredete. Es war die Zeit, in der eine neue erotische Beziehung in ihre leidenschaftliche Phase trat: das Verhältnis zu der Malerin Baladine Klossowska, die sich nach langen Reisejahren mit ihren beiden Söhnen Pierre und Baltusz in Genf niedergelassen hatte. Schon im Januar hatte ihr Lock- und Hilferuf den Dichter aus seiner Klausur herausgescheucht, was für ihn zum Anlaß wurde, das alte peinigende Dilemma zwischen «Kunst» und «Leben» von neuem zu durchdenken und gewissenhaft durchzuleiden, während es in den nüchternen Augen der Fürstin nichts als eine überflüssige Belastung war. Sie schreibt: «In diesem Winter, der ihm so nottat, rief man ihn dringend nach Genf — er mußte wieder einmal ‹retten›. Er mußte sich mit Verwicklungen und Schwierigkeiten aller Art abquälen und war recht trostlos.[1]»

Diese Baladine oder «Merline» war es, mit der zusammen er Ende Juni, während einer Reise durchs Wallis, den kleinen massiven Schloßturm Muzot entdeckte, eine halbe Wegstunde oberhalb von Sierre, etwas abseits der großen Straße nach Montana gelegen. Ein instinktives Zutrauen sagte ihm, daß hier eine neue und vielleicht dauerhafte Schutzburg für ihn und seine Arbeit gefunden sein könnte. Was ihm glücklich entgegenkam, war der Zufall, daß der Winterthurer Gastfreund Werner Reinhart sich schon seit längerer Zeit für das malerische Gemäuer interessierte und sich nun entschloß, es zu mieten und dem Dichter zeitweise zur Verfügung zu stellen. Ende Juli, nachdem Frau Klossowska das Haus wohnlich eingerichtet hatte, konnte Rilke einziehen. In einem langen Brief an die Fürstin vom 25. Juli 1921 lieferte er eine meisterhafte Schilderung der Landschaft und der neuen Wohnverhältnisse:

... ich war unvorsichtig genug, hier herunter zu reisen, nach Sierre und Sion; ich habe Ihnen erzählt, einen wie eigentümlichen Zauber diese Orte auf mich ausüben, da ich sie voriges Jahr, um die Zeit der Weinlese zuerst sah. Der Umstand, daß in der hiesigen landschaftlichen Erscheinung Spanien und die Provence so seltsam ineinanderwirken, hat mich schon damals geradezu ergriffen: denn beide Landschaften haben in den letzten Jahren vor dem Krieg stärker und bestimmender zu mir gesprochen als alles übrige; und nun ihre Stimmen vereint zu finden in einem ausgebreiteten Bergtal der Schweiz! Und dieser Anklang, diese Familienähnlichkeit ist keine Imagination. Noch neulich las ich in einem Abriß über die Pflanzenwelt des Wallis, daß gewisse Blumen hier auftreten, die sonst nur in der Provence und in Spanien vorkommen; ein gleiches ists mit den Schmetterlingen: so trägt der Geist eines großen Stromes (und der Rhône ist mir immer einer der wunderbarsten gewesen!) die Begabungen und Verwandtschaften durch die Länder. Sein Tal ist hier so breit und großartig mit kleinen Anhöhen ausgefüllt im Rahmen der großen Randgebirge, daß dem Blick ein Spiel der reizvollsten Veränderungen,

1 Marie von Thurn und Taxis, a. a. O., S. 87.

gewissermaßen ein Schachspiel mit Hügeln, fortwährend bereitet ist.
Als würden noch Hügel verschoben und verteilt — so schöpfungs-
haft wirkt der Rhythmus der mit dem Standpunkt jedesmal erstaun-
lich neuen Anordnung des Angeschauten —, und die alten Häuser
und Burgen bewegen sich in diesen optischen Spielen um so reiz-
voller, als sie meistens wieder den Hang eines Weingeländes, den
Wald, die Waldwiese oder das graue Gestein zum Hintergrund ha-
ben, ihm eingeeignet wie die Bilder einer Tapisserie; denn der unbe-
schreiblichste (fast regenlose) Himmel nimmt von oben her an die-
sen Perspektiven teil und beseelt sie mit einer so geistigen Luft, daß
das besondere Zueinanderstehen der Dinge, ganz wie in Spanien, zu
gewissen Stunden jene Spannung aufzuweisen scheint, die wir zwi-
schen den Sternen eines Sternbildes wahrzunehmen meinen.

An Hand einer alten Ansichtskarte, die das Haus vor einem um
1900 unternommenen Umbau zeigt, beschreibt er Muzot:

Ich sage selbst «Schlößchen», denn dies ist der vollzählige Typus
des mittelalterlichen Manoirs, wie es hier überall noch überdauert;
diese Schlösser bestanden nur aus einem solchen festen Hauskörper,
der alles umfaßte. Der Eingang ist von der Rückseite, wo Sie das
schräge Dach vorspringen sehen: dieses Geschoß (das des langen,
vorne angebauten Balkons) umfaßt das Eßzimmer, ein kleines Bou-
doir und das Gastzimmer; nebst der Küche (in einem modernen
Ausbau)... In der nächsten Etage habe ich mich etabliert: dort ist
mein kleines Schlafzimmer, das sein Licht durch die Fensterspalte
rechts empfängt, aber noch nach der anderen Seite, in den Baum
hinein, einen kleinen Balkon vorschickt. Das Doppelfenster daneben
und, um die Ecke herum, das nächste Fenster in der besonnten West-
front gehören zu meinem Arbeitszimmer, das wir gestern, alles aus
vorhandenem Zubehör, ungefähr fertig eingerichtet haben: es hat
allerhand Versprechung und Anziehung für mich, mit seinen alten
Truhen, seinem Eichentisch von 1600 und der alten dunklen Balken-
decke, in die die Jahreszahl MDCXVII eingegraben steht; wenn ich
sage Anziehung, so ist das indessen nicht genau: denn eigentlich
jagt mir das ganze Muzot, indem es mich irgendwie hält, doch auch
eine Art Sorge und Bedrückung ins Gemüt; soweit es ging, habe ich
mich mit seiner ältesten Geschichte vertraut gemacht; gebaut haben
es vermutlich die de Blonay; im 15ten Jahrhundert war es im Be-
sitze der de la Tour-Chastillon, zu Beginn des 16ten, ein Jahr vor
der Schlacht von Marignan, fand dort die Hochzeit der Isabelle de
Chevron mit Jean de Montheys statt (man kennt noch alle Gäste
dieser drei Tage dauernden Festlichkeit und wie sie einander ge-
führt haben). Jean de Montheys fiel bei Marignan und wurde der
jungen Witwe nach Muzot zurückgebracht. Gleich darauf entzün-
deten sich zwei Bewerber für sie und kamen in ihrem Feuer so heftig
widereinander, daß sie sich gegenseitig im Duell durchbohrten. Die
unselige Isabelle, die den Verlust des Gemahls mit Würde zu tra-
gen schien, kam über diesen Untergang der beiden Freier, zwischen
denen sie selber noch nicht gewählt hatte, nicht hinaus; sie verlor

Der Turm von Muzot

en Verstand und verließ Muzot nur noch nachts, die Sorgsamkeit
ιrer alten Amme Ursule täuschend; fast jede Nacht konnte man sie
«très légèrement habillée», nach Miège wandeln sehen, zu dem Gra-
e ihrer beiden hitzigen Bewerber, und es geht die Sage, daß sie
hließlich in einer Winternacht auf dem Kirchhofe zu Miège ... er-
arrt und tot wäre aufgefunden worden. — Auf diese Isabelle oder
uf den immer wieder, wie ein Pendel, aus Marignan zurückkehren-
en toten Montheys wird man sich also etwa gefaßt machen müssen
ιd wird sich über nichts wundern dürfen. Das Château de Muzot

Das Arbeitszimmer von Muzot zu Rilkes Zeit

hat, seit wir es nun aufgeräumt haben, überall an Helligkeit un Heimlichkeit gewonnen: die Räume haben, wie in allen diesen mitte alterlichen Häusern, etwas ehrlich-Bäurisches, Rüdes, ohne Hinte gedanken ... gleichwohl —, und daß ichs nicht vergesse, neben me nem Schlafzimmer, im oberen Stock, liegt die sogenannte alte «Ka pelle», nach hinten hinaus; ein kleiner geweißter Raum, vom Vo platz aus zugänglich durch eine auffallend niedrige, noch ganz go tisch mittelalterliche Türöffnung, und über ihr im Gemäuer, als star vorspringendes Relief, nicht etwa das Kreuz, sondern: ein groß Suastika![1] Da sehen Sie mich also, Fürstin, zunächst diesem Muzo verfallen: ich muß es versuchen. Sähen Sie's doch! Wenn man si vom Tal her nähert, steht es jedesmal wie ein Zauber da, über de (jetzt schon verbrannten) Rosengängen seines kleinen Gartens, in d Farbe des uralten Hausteins, der graue und violette Töne hat, ab in der Sonne sich golden geröstet und gebräunt hat, auch wieder w gewisse Mauern in Andalusien.

Die nun folgenden Monate verbringt der Dichter fast ohne Unte brechung auf Muzot, von dem inständigen Willen beseelt, sich a die Wiederkehr seiner größten Stunde vorzubereiten, von innere Rückschlägen geplagt, schwankend zwischen Zuversicht und tiefe Unsicherheiten und oft genug darauf gefaßt, den neuen «Woh

---

1 Hakenkreuz.

versuch» als völlig ergebnislos wieder abbrechen zu müssen. Lange macht ihm der Umstand zu schaffen, daß eine geeignete Wirtschafterin sich nicht finden lassen will. Endlich ist auch diese Schwierigkeit beseitigt: Fräulein Frieda Baumgartner, ein 26jähriges Mädchen aus dem Kanton Solothurn, wird engagiert und erweist sich nach anfänglicher Unbeholfenheit als eine so tüchtige und fürsorgliche Hausgenossin, daß nichts zu wünschen übrig bleibt. Aus der Ferne wirkt die treue Nanny Wunderly tatkräftig mit, um materielle Sorgen nicht aufkommen zu lassen. *Ach, verehrte Freundin*, so liest man in einem Brief aus dem Spätherbst: *die Un-Unmengen Hilfe, die ich schon im Leben verbraucht habe! Ist solcher Aufwand erlaubt?* (An Gertrud Ouckama Knoop, 26. November 1921). Er schreibt die wunderbarsten Briefe, um zu erklären, daß er seine «Brief-Fasten»

Rilke auf dem Balkon in Muzot

einhalten müsse, um Kräfte zu sparen für die Arbeit, sein einziger Gedanke ist immer noch: *an meinen jähen, bangen Bruchstellen des Jahres Vierzehn mich so lange und innig anzuhalten, bis ich daran anheile* (an L. von Schlözer, 21. Januar 1920). Gegen Ende Januar 1922 muß er bekennen: *die Hemmungen der Kriegsjahre, sozusagen, «abzutragen», Stein für Stein aus dem Mauerring zu lösen, der mich vom Vergangenen ebenso zu trennen schien, wie von allem, was noch hätte kommen mögen, ist noch immer meine unscheinbare Beschäftigung, ich weiß nicht für wie lange.* (An Lotti von Wedel, 28. Januar 1922)

Kaum fünf Tage später ist der Bann gebrochen. Die große Stunde ist da. Muzot hat sich in geheimnisvolles Briefschweigen gehüllt, und dahinter arbeitet es ungeheuer. Ähnlich wie im Januar 1912 auf Duino, wo zunächst das *Marien-Leben* geleistet werden muß, damit

auch das Größere Atem und
Stimme gewinnen kann, so
beginnt es auch diesmal mit
einem «Vorsturm». Etwas
ganz Unwillkürliches, ganz
Unverhofftes stellt sich ein:
eine neue Werkidee eigenen
Ranges und ihre mühelose
Verwirklichung. Innerhalb
von vier Tagen, zwischen
dem 2. und dem 5. Februar,
gestaltet sich eine Folge von
25 Sonetten, die später nur
noch um eines vermehrt werden soll: der schon fast endgültige erste Teil der *Sonette
an Orpheus*. Dann aber: am
7. entsteht die Siebente Elegie, am 7. und 8. die Achte,
die dem Freund Rudolf Kaß-
ner gewidmet ist, am 9. wird die Sechste vollendet und auch die Anfänge der Neunten werden wieder lebendig und treiben ein strah-
lendes Ganzes aus sich hervor, am 11. kann die Zehnte fortgesetzt
und abgeschlossen werden. Am 14. wird das bisher an Stelle einer
Fünften Elegie stehende Gedicht — *Gegen-Strophen* — durch ein un-
gleich mächtigeres ersetzt: die hinreißende Elegie von den Fahren-
den, deren Motivbildung wesentlich mitbestimmt ist durch die Erinnerung an ein berühmtes Bild von Picasso: «Les Saltimbanques»
(1905). (Rilke hatte es im Sommer 1915 in der Münchner Wohnung
seiner westfälischen Gastfreundin Hertha König kennengelernt und
sich für die Zeit seines dortigen Aufenthaltes zum «Wächter am Picasso» ernannt.) Kaum aber ist das «Hauptgeschäft» vollbracht und
der Schmerz eines zehnjährigen Wartens und Entbehrens durch eine
so überwältigende Genugtuung gestillt worden, da bringt sich auch
das orphische Thema noch einmal zur Geltung, und es zeigt sich,
daß seine Ergiebigkeit noch nicht erschöpft ist. Weitere 29 Gedichte
entstehen in den Tagen vom 15. bis zum 23. Februar, alle von einer
makellosen Reinheit des Gelingens und ohne eine Spur von nach-
lassender Kraft: der zweite Teil der *Sonette an Orpheus*. Aber das
ist noch immer nicht alles: in einer Art von beiläufiger Produktivität
ergibt sich außerhalb der beiden Zyklen noch eine Reihe einzelner
Gedichte von zum Teil erstrangiger Bedeutung, die allein schon genügen würden, diesen Segensmonat vor anderen auszuzeichnen: *Solang du Selbstgeworfenes fängst, Vasen-Bild, Manchen ist sie wie
Wein* und andere.

Am 11. Februar, abends, also noch vor der Niederschrift der end-

Stiller Freund der vielen Fernen, fühle,
wie dein Atem noch den Raum vermehrt.
Im Gebälk der finstern Glockenstühle
laß dich läuten. Das, was an dir zehrt,

wird ein Starkes über dieser Nahrung.
Geh in der Verwandlung aus und ein.
Was ist deine leidendste Erfahrung?
Ist dir Trinken bitter, werde Wein.

Sei in dieser Nacht aus Übermaaß
Zauberkraft am Kreuzweg deiner Sinne,
ihrer seltsamen Begegnung Sinn.

Und wenn dich das Irdische vergaß,
zu der stillen Erde sag: Ich rinne.
Zu dem raschen Wasser sprich: Ich bin.

Aus den «Sonetten an Orpheus», XXIX, 2. Teil

gültigen *Fünften Elegie*, meldet Rilke die Vollendung seines größten
Werkes an die Herrin von Duino:
    Endlich,
            Fürstin,
    endlich, der gesegnete, wie gesegnete Tag, da ich Ihnen den Ab-
schluß — soweit ich sehe — der
            Elegien
            anzeigen kann:
            Z e h n !

Von der letzten, großen (: zu dem, in Duino einst, begonnenen Anfang: «Daß ich dereinst, am Ausgang der grimmigen Einsicht Jubel und Ruhm aufsinge zustimmenden Engeln...») von dieser letzten, die ja auch, damals schon, gemeint war, die l e t z t e zu sein —, von dieser — zittert mir noch die Hand!

Eben, Samstag, den elften, um sechs Uhr abends, ist sie fertig! —

Alles in ein paar Tagen, es war ein namenloser Sturm, ein Orkan im Geist (wie damals in Duino), alles was Faser in mir ist und Geweb, hat gekracht —, an Essen war nie zu denken, Gott weiß, wer mich genährt hat.

Aber nun i s t s. Ist. Ist.

Amen.

Ganz ähnliche Briefe gehen an Kippenberg (9. Februar) und an Lou Andreas-Salomé (11. Februar); in einem Bericht an Frau Wunderly vom 15. Februar heißt es:

Frieda hat brav standgehalten in diesen Tagen, da Muzot auf hoher See des Geistes trieb. Nun war sie wirklich das... «Geistlein» — kaum da und doch sorgend und ohne Angst, wenn ich hier oben ungeheure Kommandorufe ausstieß und Signale aus dem Weltraum empfing und sie dröhnend beantwortete mit meinen immensen Salut-Schüssen!

Alle brieflichen Zeugnisse aus diesen Tagen sind in einer bewußt «prophetischen» Sprache abgefaßt. Der Dichter kann gar nicht anders, als gerade diesen Vorgang einer dichterischen Ergriffenheit ohnegleichen, dieses moderne Musterbeispiel einer großen Inspiration, mit dichterisch verklärenden Worten zu verkünden, es als ein Ereignis von übernatürlicher Größe zu beschreiben und dadurch schon alles Material bereitzulegen für die künftige Legendenbildung und die vielen Hagiographien und pseudoreligiösen Schwarmgeistereien einer schier unübersehbaren Rilkeliteratur. Begriffe aus der Vorstellungswelt des christlichen Glaubens wie «Wunder» und «Gnade» fließen ihm mit inne-

rer Notwendigkeit in die Feder, der Kampf in der Kunst, so darf er sich ausdrücken, *wäre aussichtslos ohne — das Wunder; aber eben dadurch ist sie ja auch, was sie ist, n i c h t durch uns, nicht durch uns* (an Gräfin Margot Sizzo-Noris-Crouy, 19. Februar 1922). Wird hier nicht ein ästhetisches Gegenstück

Werner Reinhart, Alma Moodie, Rilke (Muzot, Ostern 1923)

zum Seinsverständnis des christlichen Glaubens formuliert, und nimmt
der Dichter nicht allen Ernstes die Rechte eines Religionsstifters für
sich in Anspruch? Nur wer die Dichtung als *Dichtung* versteht,
und nicht als ein neues Evangelium von mehr als menschlicher Kompetenz, nur der kann dem Dichter gerecht werden und die Gefahren
sowohl einer ungebührlichen Rilkevergötterung (wie sie in zahlreichen Büchern betrieben worden ist) als auch einer ebenso unangemessenen Rilkeverketzerung (wie sie in der Kritik der letzten Jahre vielfach zu beobachten war) vermeiden. Hier stellt sich ein kritisches Problem von großem Gewicht, das zu erörtern aber nicht in der
Absicht dieser Darstellung liegen kann.

Weltweiter Ruhm hat sich seither um jenen schlichten Walliser
Turmblock Muzot herum gebildet, er ist heute das Herzstück der
Lebensmythe, die unter dem Namen Rilke verbreitet ist: als das
Sinnbild einer esoterischen Klausur, die den leerlaufenden Kommunikationsformen der Massengesellschaft ein Bollwerk des Schweigens, der Geduld und einer wahrhaft unabhängigen Sprach- und
Wahrheitsfindung entgegenstellt. Im Urteil der gebildeten Weltöffentlichkeit zählen die Elegien und Sonette neben Valérys «Charmes», T. S. Eliots «The Waste Land» und dem «Ulysses» des James
Joyce zu den eigentlich maßgebenden und horizontbildenden Meisterwerken des Jahres 1922, des «annus mirabilis» der modernen Literatur. Beide Gedichtkreise gehören eng zusammen, *Elegien und Sonette unterstützen einander beständig*, so schreibt Rilke 1925 an seinen polnischen Übersetzer Witold Hulewicz, *und ich sehe eine unendliche Gnade darin, daß ich, mit dem gleichen Atem, diese beiden Segel füllen durfte: das kleine rostfarbene Segel der Sonette und der Elegien riesiges weißes Segel-Tuch*. Beide Werke präsentieren den reichen thematischen Bestand ihres Dichters in seiner letzten, endgültigen Ausdrucksform, beide richten sich unter der Gestalt des dichterisch Schönen mit einer Botschaft an den Leser. Während die Elegien sich in der Offenheit großer allgemeiner Sinnbezüge bewegen,
ist es in den Sonetten eine einzelne Sagengestalt der griechischen
Antike, deren die Einbildungskraft des Dichters sich bemächtigt hat,
um sie als mythische Schlüsselfigur in die Mitte ihrer Motivwelt einzusetzen. Der thrakische Sänger und Leierspieler Orpheus — wir
wissen, daß Rilke die «Metamorphosen» des Ovid kannte, daß er
sich schon 1904 einmal, in dem Gedicht *Orpheus. Eurydike. Hermes*, mit der Figur beschäftigt hatte, und daß die Reproduktion einer Federzeichnung von Cima da Conegliano (um 1459 — 1518),
die den musizierenden Jüngling mit lauschenden Tieren zeigt, im
Arbeitszimmer von Muzot an die Wand geheftet war — dieser Orpheus wird hier zum «Herrn» erhoben und zum singenden Heiland eines Kosmos, der Welt und Unterwelt, das Reich der Lebenden und das der Toten einigend übergreift:

Ist er ein Hiesiger? Nein, aus beiden
Reichen erwuchs seine weite Natur.
Kundiger böge die Zweige der Weiden,
wer die Wurzeln der Weiden erfuhr.

Geht ihr zu Bette, so laßt auf dem Tische
Brot nicht und Milch nicht; die Toten ziehts —
Aber er, der Beschwörende mische
unter der Milde des Augenlids

ihre Erscheinung in alles Geschaute;
und der Zauber von Erdrauch und Raute
sei ihm so wahr wie der klarste Bezug.

Nichts kann das gültige Bild ihm verschlimmern;
sei es aus Gräbern, sei es aus Zimmern,
rühme er Fingerring, Spange und Krug.

Aus dem Sänger wird ein «Gott», und die beiden entscheidenden Ereignisse seiner Geschichte, sein Hinabstieg in die Unterwelt und seine Zerreißung durch die Mänaden, werden als kanonisch verbindliche Denkwürdigkeiten behandelt und auf liturgisch-exegetische Weise meditiert, nicht anders als die Passion Christi von christlichen Dichtern und Predigern. Welche Kraft ist es, die in Orpheus zu göttlichem Range erhöht wird? Es ist die Kraft der «Rühmung» die auch als «Gesang» und als «Verwandlung» erscheinen kann und in allen ihren Bestimmungen immer nur ein und dasselbe meint: das fühlende Vermögen des Menschen, das durch den Mund des Dichters Sprache gewinnt. Was in der Neunten Elegie für den Menschen überhaupt in Anspruch genommen wird, als die fundamentale Rechtfertigung seiner Existenz vor dem Engel — *Hier ist des Säglichen Zeit, hier seine Heimat. / Sprich und bekenn —*, das wird in den Sonetten mit einer merkwürdig freudigen und selbstbewußten Wendung auf den Dichter allein übertragen. Der die Dinge rühmende und verwandelnde Dichter erscheint als der Stellvertreter der Menschheit. Wenn in den zahlreichen Orpheus-Darstellungen der europäischen Oper, von Monteverdi über Gluck bis zu Strawinsky die Gestalt des antiken Sängers zum Sinnbild der sich selbst verherrlichenden Musik geworden ist, bei Rilke wird sie zum Protagonisten einer Apotheose des Dichters durch den Dichter. Der Autor der Sonette feiert sich selbst und seine Produktivität und in ihr alle «schenkenden» Kräfte der Erde: man kann den ganzen Zyklus verstehen als ein Dankopfer für die gnädig gewährte Vollendung der *Duineser Elegien.*

Beide Werke sind mit höchst stilbewußten und vielsagenden Widmungen versehen. Im Falle der Elegien heißt es: *Aus dem Besitz der Fürstin Marie von Thurn und Taxis-Hohenlohe,* im Falle der Sonette: *Geschrieben als ein Grab-Mal für Wera Ouckama Knoop.* Diese Wera, Tochter des zum Münchner Freundeskreise gehörenden

Ehepaars Gerhard und Gertrud Ouckama Knoop, war schon im Alter von 19 Jahren gestorben (1919), der Dichter hatte sie bei Lebzeiten nur wenige Male gesehen, *freilich mit einer eigentümlichen Aufmerksamkeit und Ergriffenheit*, so daß sie nach ihrem Tode zu einer Lieblingsgestalt seiner phantasierenden und mythenbildenden Erinnerung geworden war:

Dieses schöne Kind, das erst zu tanzen anfing und, bei allen, die sie damals sahen, Aufsehen erregte, durch die ihrem Körper und Gemüt eingeborene Kunst der Bewegung und Wandlung —, erklärte ihrer Mutter unvermutet, daß sie nicht länger tanzen könne oder wolle...; (das war eben am Ausgang des Kindseins) ihr Körper veränderte sich seltsam, wurde, ohne seine schöne östliche Gestaltung zu verlieren, seltsam schwer und massiv... (was schon der Anfang der geheimnisvollen Drüsen-Erkrankung war, die dann so rasch den Tod herbeiführen sollte)... In der Zeit, die ihr noch blieb, trieb Wera Musik, schließlich zeichnete sie nur noch —, als ob sich der versagte Tanz immer leiser, immer diskreter noch aus ihr ausgäbe...
(An Margot Sizzo, 12. April 1923)

Noch im Januar 1922 hatte Rilke sich mit einigen Aufzeichnungen über die Krankengeschichte des Mädchens, die ihm die Mutter geschickt hatte, beschäftigt, und so hatte sich für ihn ein zwingender Zusammenhang ergeben zwischen der orphischen Thematik und der Gestalt dieser jungen Toten:

... deren Unvollendung und Unschuld die Grabtür offen hält, so daß sie, hingegangen, zu jenen Mächten gehört, die die Hälfte des Lebens frisch erhalten und offen nach der anderen wundoffenen Hälfte zu.
(An Witold Hulewicz, 13. November 1925)

Den schon mehrmals zitierten berühmten Brief an

Wera Ouckama-Knoop

Hulewicz wird niemand entbehren können, der sich um das Verständnis der spätrilkeschen Seins- und Lebenslehre bemüht. Er enthält den Versuch einer summarischen und dennoch höchst eindringlichen Auslegung des Doppelwerks vom Februar 1922, den ersten und bedeutendsten der vielen Kommentare, die es im Laufe der Jahrzehnte hervorgerufen hat. Er ist, versteht sich, nicht «objektiv» oder «kritisch» im Sinne einer wissenschaftlichen Untersuchung, sondern selbst eine Hervorbringung der dichterischen Einbildungskraft, eine dichterische Paraphrase in Prosa zu einem lyrischen Text. Gleich anfangs sieht man den Interpreten darum bemüht, die Elegien in den Zusammenhang seines Lebenswerkes sinnvoll einzuordnen:

Ich halte sie für eine weitere Ausgestaltung jener wesentlichen Voraussetzungen, die schon im «Stundenbuch» gegeben waren, die sich, in den beiden Teilen der «Neuen Gedichte», des Welt-Bilds spielend und versuchend bedienen und die dann im Malte, konflikthaft zusammengezogen, ins Leben zurückschlagen und dort beinah zum Beweis führen, daß dieses so ins Bodenlose gehängte Leben unmöglich sei. In den «Elegien» wird, aus den gleichen Gegebenheiten heraus, das Leben wieder möglich, ja es erfährt hier diejenige endgültige Bejahung, zu der es der junge Malte, obwohl auf dem richtigen schweren Weg «des longues études», noch nicht führen konnte. L e b e n s - u n d T o d e s b e j a h u n g e r w e i s t s i c h a l s E i n e s i n d e n « E l e g i e n ».

Der Sinn der Rilkeschen Raumwelt, in der die Dimension der Zeit als ungültig empfunden wird, kommt zur Sprache:

Wir, diese Hiesigen und Heutigen, sind nicht einen Augenblick in der Zeitwelt befriedigt, noch in sie gebunden; wir gehen immerfort über und über zu den Früheren, zu unserer Herkunft und zu denen, die scheinbar nach uns kommen. In jener größesten, « o f f e n e n » Welt sind alle, man kann nicht sagen «gleichzeitig», denn eben der Fortfall der Zeit bedingt, daß sie alle s i n d. Die Vergänglichkeit stürzt überall in ein tiefes Sein.

Die Aufgabe des Menschen im Umgang mit den Erscheinungen der «hiesigen» Welt wird definiert:

... unsere Aufgabe ist es, diese vorläufige, hinfällige Erde uns so tief, so leidend und leidenschaftlich einzuprägen, daß ihr Wesen in uns «unsichtbar» wieder aufersteht. W i r s i n d d i e B i e n e n d e s U n s i c h t b a r e n ... Die «Elegien» zeigen uns an diesem Werke, am Werke dieser fortwährenden Umsetzungen des geliebten Sichtbaren und Greifbaren in die unsichtbare Schwingung und Erregtheit unserer Natur, die neue Schwingungszahlen einführt in die Schwingungssphären des Universums. (Da die verschiedenen Stoffe im Weltall nur verschiedene Schwingungsexponenten sind, so bereiten wir, in dieser Weise, nicht nur Intensitäten geistiger Art vor, sondern wer weiß, neue Körper, Metalle, Sternnebel und Gestirne.)

Schließlich wird die Frage nach dem Engel und seiner für uns «schrecklichen» Überlegenheit beantwortet:

Der Engel der Elegien ist dasjenige Geschöpf, in dem die Ver-

wandlung des Sichtbaren in Unsichtbares, die wir leisten, schon voll-
zogen erscheint. Für den Engel der Elegien sind alle vergangenen
Türme und Paläste existent, w e i l längst unsichtbar, und die noch
bestehenden Türme und Brücken unseres Daseins s c h o n unsicht-
bar, obwohl noch (für uns) körperhaft dauernd. Der Engel der Ele-
gien ist dasjenige Wesen, das dafür einsteht, im Unsichtbaren ei-
nen höheren Rang der Realität zu erkennen. — Daher «schrecklich»
für uns, weil wir, seine Liebenden und Verwandler, doch noch am
Sichtbaren hängen. —

Die hier nur im großen und ganzen umrissene Botschaft des späten Rilke hängt durch viele Entsprechungen, Anklänge und Reminiszenzen mit den bedeutendsten Ereignissen, Entwicklungen und —
Verhängnissen der neueren Geistesgeschichte zusammen. Manches
weist auf Nietzsche zurück: die antichristliche Leidenschaft, die Entscheidung gegen das «Jenseits», das jubelnde *Hiersein ist herrlich*
der Siebenten Elegie, das man mit dem *Erde, du liebe, ich will* der
Neunten zusammenhören muß, um seine eigentümliche Tonlage,
seine mehr «franziskanische» als «dionysische» Stimmung richtig
zu ermessen. Manches deutet auf Heidegger voraus, der denn auch
in seinen «Holzwegen» (1950), an Hand eines einzigen Gedichts,
eine der schönsten und tiefsinnigsten Rilke-Interpretationen gegeben hat, die wir besitzen. Das Ganze ist ein geistiges und künstlerisches Ereignis von unabhängiger Größe: welteinbildend, situations-
bestimmend, stilschaffend wie kaum ein anderes zu seiner Zeit. Diese poetische Welt eines Heimatlosen, der sich durch fühlende Selbst-
entzündung, durch das, was er «Innigkeit» nannte, eine Heimat
gleichsam aus dem Nichts erschaffen hat, sie ist seither für unzähli-
ge Leser zur geistigen Heimat geworden. Schwärmerei, kritischer
Widerwille und eine unersättliche Deutungswut haben dies Werk
nun schon mehr als drei Jahrzehnte lang umkämpft. Viele haben
in der Lehre der Elegien und Sonette so etwas wie eine neue Religion
des Lebens finden wollen, andere haben sie von religiösen, philoso-
phischen, politischen und ideologischen Standpunkten her bestritten.
Das Kunstwerk als Gestalt hat aber ein Wahrsein eigener Art, das
durch ideenkritische Argumente wohl in Frage gezogen, doch niemals erledigt werden kann. Rilke hat durch die revolutionäre Gewalt seiner Sprache und durch die bezwingende Eigentümlichkeit
seiner Ideen einen neuen Horizont möglicher Sinngebung entworfen, vor dessen Offenheit der Mensch unserer Zeit in geschichtlicher
Ergriffenheit nach sich selber fragen kann.

LETZTE JAHRE, KRANKHEIT UND TOD

Vier Jahre noch waren dem Dichter beschieden, nachdem er die
schwerste Aufgabe seines Lebens bewältigt hatte. Den größeren Teil
dieser Zeit verbrachte er auf Muzot, dessen Abgeschiedenheit und
bis ins Unwahrscheinliche gesteigerte Stille noch manche produktive

Stunde begünstigen sollte. Werner Reinhart hatte den Turm im Mai 1922 käuflich erworben und seinen Gast noch einmal in großzügig-endgültiger Form damit «belehnt», und Rilke hatte das Gästebuch von Muzot mit einigen dankbaren und geistreichen Versen eröffnet:

> *In diesem Haus der Blonay, de la Tour,*
> *de Monthéys —, war, da nach langer Pause*
> *sein Leben neu begann, noch v o r dem Herrn*
> *der Gast zu Haus. Dies deutet, der's erfuhr:*
> *der Gast sei stets das Blühn in diesem Hause,*
> *der späte Herr, in seiner Frucht, der Kern.*

Freunde, die den Dichter im Sommer dieses Jahres besuchten, fanden ihn entspannt, neubelebt, ja glücklich. Im Juni empfing er die Fürstin, im Juli das Ehepaar Kippenberg, um ihnen die neuen Werke vorzulesen. «Ich sah einen umgewandelten Menschen», so schreibt die Fürstin über ihren damaligen Besuch, «einen strahlenden, seligen. Niemals werde ich den Ausdruck seiner Augen vergessen.» Dann zitiert sie aus ihren Tagebuchaufzeichnungen:
«Und während er las, wundervoll las, wie nur er zu lesen weiß, fühlte ich immer stärker das Pochen meines Herzens, fühlte ich mein Gesicht von Tränen überströmt . . .»
Dann die Szene, deren empfindsame Gestikulation manchen befremden wird, deren innere Rechtmäßigkeit auf beiden Seiten aber nicht zweifelhaft sein kann:
«Als er die Sonette zu Ende gelesen hatte, schaute er mich an, ich konnte nicht reden, er sah, wie ergriffen ich war, und da beugte er die Knie, um mir die Hände zu küssen. Schweigend küßte ich ihn auf die Stirn, wie eine Mutter ihren Sohn, einen wunderbaren Sohn.»[1]
Mit dem Ende des ersten Walliser Winters ist für Rilke das Eis seiner rigorosesten Einsamkeit gebrochen. Er fühlt sich wieder beweglicher, zum Reisen aufgelegt und empfänglich für die Freuden und Abenteuer des menschlichen Umgangs. Nach anderthalb Jahren Muzot empfindet er sein abseitiges Hausen schon manchmal als hemmende Isolierung, klagt auch gelegentlich über eine *seltsame Abstumpfung* gegen die Landschaft, *deren so tief erfahrene Großartigkeit ich mir angestrengt und absichtlich vorhalten muß, um noch an ihr Teil zu haben* (an Lou, 13. Januar 1923). Als das Frühjahr kommt, hält er es nicht mehr aus: *Ich möchte so gern ein paar freie Atemzüge tun; Muzot ist immer mehr eines geworden, so eindeutig «Zelle», ganz nach Maß von Arbeit und Einsamkeit gemacht* (an Nanny Wunderly, 26. März 1923).
Im Sommer und Herbst ist er viel unterwegs, teils in der deutschen, teils in der welschen Schweiz, eines seiner Lieblingsziele ist

---

1 MARIE VON THURN UND TAXIS, a. a. O., S. 93 f.

etzt das Wunderlysche Haus «Zur unteren Mühle» in Meilen am Zürichsee, das ihm seit 1920 vertraut ist. Ende des Jahres zwingt ihn ein schlechtes körperliches Befinden, zum ersten Male das Sanatorium Valmont sur Territet am Genfer See aufzusuchen. Er bleibt bis zum 20. Januar 1924, kehrt in seinen Turm zurück und ist bald wieder tief in der Arbeit: *Muzot ist mit so viel Hartem und Schwerem verhaftet und nur im Feuer der Arbeit, jedesmal, brennt es sich rein und restlos auf* (an Nanny Wunderly, 16. Mai 1923).

Auch während des folgenden Sommers ist er lange aushäusig, unternimmt mit Frau Wunderly eine Autoreise durch die französische Schweiz, verbringt in Gesellschaft der Fürstin einige Wochen im Kurort Ragaz (Kanton Sankt Gallen), um in den dortigen leicht radioaktiven Bädern Erquickung und Heilung zu suchen. Gegen Ende des Jahres, am 24. November, nimmt ihn Valmont zum zweiten Male auf, er bleibt bis zum 8. Januar 1925 und fährt, leidlich erholt, von dort aus zu einem längeren Aufenthalt nach Paris. Frankreich und seine Bücherwelt stehen nach der Wiederanknüpfung der durch den Krieg zerrissenen Fäden wieder ganz und gar im Vordergrund seiner literarischen Interessen, und die Bibliothek von Muzot besteht zum größten Teil aus französischen Neuerscheinungen der zwanziger Jahre. Paris aber erwidert seine Sympathie auf das herzlichste: als er an Ort und Stelle ist, sieht er sich geradezu gefeiert, von einer Woge von Verehrung und Neugier bedrängt. Jeder will ihn sprechen und einladen, Frauen der eleganten Gesellschaft hängen an seinem Telephon, Männer von höchster Distinktion wie Charles du Bos, Edmond Jaloux, André Gide suchen seine Freundschaft oder erneuern eine ältere Beziehung. Zwei Kisten mit wertvollem persönlichem Besitz, die Rilke 1914 in Paris hat zurücklassen müssen, werden ihm wieder ausgehändigt. Gide hat sie gerettet und in den Kellerräumen der Librairie Gallimard, des Verlags der «Nouvelle Revue Française», aufbewahrt.

Ganz gegen seine früheren Gewohnheiten läßt Rilke es sich gefallen, Mittelpunkt einer geselligen Saison zu sein.

Rilke in Valmont

In Paris, 1925

Mit Baladine Klossowska, die inzwischen von Genf nach Paris übersiedeln konnte, ist er viel zusammen. An den Vormittagen arbeitet er mit Maurice Betz, einem Dichter der jüngeren Generation (1898 bis 1946), an dessen *Malte*-Übertragung, genießt die intimen Entsprechungen und Differenzen der beiden Sprachen, die ihm die vertrautesten sind, und die Verehrung des hochbegabten und liebenswürdigen Menschen, der ihm gegenübersitzt. Betz ist auch Herausgeber einer «Reconnaissance à Rilke», die als Doppelheft der «Cahiers du Mois», mit Beiträgen von Paul Valéry, Edmund Jaloux, Jean Cassou, Daniel Rops und vielen anderen französischen und nichtfranzösischen Autoren im Jahre 1926 erschien, und Verfasser des glänzenden Erinnerungsbuches «Rilke vivant» von 1937. Es ist das alte Paris, die Stätte der denkbar höchsten Intensität des Daseins, und doch auch wieder nicht das alte; in einem rückblickenden Brief an die Gräfin Sizzo kommt ein zwiespältiges Gefühl von Glück und Verwirrung, wenn nicht Enttäuschung, zum Ausdruck:

... dies galt mir auch jetzt noch ganz und gar, daß Paris Landschaft ist, selbst das innerste Paris ist Landschaft und hat nicht einen Stadthimmel über sich (einen Himmel-Ersatz) sondern die herrlichen Himmel der Welt, die freiesten, offensten Himmel, die Himmel des Heiligen Ludwig und der Jeanne d'Arc, lebhaft, teilnehmend und süß im Licht, wach im Wind, inspirierte Himmel, Himmel des Ruhms und der Erinnerung, Sieges-Himmel, auf die sich keine andere Stadt berufen kann. Die Gärten waren so herrlich wie nur je (ich wohnte ja dem unerschöpflichen Luxembourg gegenüber!), die kleinen Gassen um St. Sulpice herum noch so medicäisch-italienisch wie einst, die Quais eine Bezauberung. Aber das Leben ist anders geworden, auch dort, teurer und weniger selbstverständlich, die absurde Gefahr der Straßenübergänge verändert die freie und eben auch irgendwie ländliche Beweglichkeit, in der man sich sonst geher

*lassen durfte, man ist wirklich zwanzig bis hundert Mal täglich, so-
wie man das Trottoir verläßt, ein zum Tode Verurteilter, der dann
immer im letzten Moment durch einen agent de ville seine vorläufige Begnadigung erfährt. Daß ich zahllose Menschen sah, schrieb
ich Ihnen schon von dort, mitten heraus — ich habe wirklich fast alle berührt, die sich eben berühren lassen — habe alle so unruhig gefunden, wie ich selber war, so entgegenkommend und so rasch im
Vergessen, so beschäftigt, beschäftigt vor allem damit, sich allerhand fernzuhalten . . .*

Am 18. August, nachdem er seine Abreise immer wieder hinaus-
geschoben hat, verläßt Rilke ganz abrupt und wortlos die Stadt,
reist mit Frau Klossowska ins Burgundische und für zwei Tage nach
Dijon, dann über Sierre an den Lago Maggiore und nach Mailand
und begibt sich dann allein, via Muzot, zu einer *verspäteten, zu späten Kur* Ende September nach Ragaz. War es nur Überdruß an der
zu vielen Geselligkeit, Menschenmüdigkeit, was ihn fortgetrieben
hatte, und Sehnsucht nach dem Alleinsein?

*Nein, dieses Übel, dieses Unwohlsein, von dem ich plötzlich in
Paris ergriffen wurde, war sehr arg und schwer erklärbar; meine
ältesten und besten Freunde ermüdeten mich, ja sogar die Freundschaft selbst, die mir plötzlich als eine Anstrengung erschien, die
meine Kräfte überstieg. Ich konnte es nicht mehr, ich wollte es nicht,
ich, der ich, seit mir die Fähigkeiten meines Herzens und Gehirns
einigermaßen bewußt geworden
waren, kein verführerisches Ver-
gnügen kannte, als mich jenen
hinzugeben, deren Berührung
und wahrhafte Gegenwart ich
fühlte.* (An Mme. M., 21. Februar 1926)

Die lyrische Produktion dieser
letzten vier Jahre folgt auf den
enthusiastischen Februar 1922
wie eine sanfte versonnene Coda
auf ein heroisches Allegro. Eine
große zyklische Werkidee kann
sich nicht mehr ergeben; die in
den Elegien und Sonetten so
mächtig verbundenen Ausdrucks-
impulse treten in die Vereinzelung zurück. Die Stunde des
Dinggedichts ist freilich nicht
wiederholbar. Noch einmal findet
der Dichter einen neuen Ton, einen neuen, man könnte sagen:
«rein lyrischen» Weltbegriff, und

André Gide

157

Die Kirche von Raron

es sind hörenswerte Gründe vorgebracht worden, um zu beweisen, daß das Werk der Jahre 1924 bis 1926 an dichterischer Reife die Elegien noch übertrifft, daß erst im Corpus dieser letzten, mit Lehre und Botschaft nicht mehr beladenen Gedichte die höchste Stufe der Rilkeschen Entwicklung sich darstellt. Es sind kurze, gereimte Naturgedichte, die nun entstehen, Stimmungsbilder, Erinnerungsbilder, liedhaft konzentriert und liedhaft duftig, oftmals zweistrophig, meistens dreistrophig, zart und präzis. Rilke feiert die Landschaft des Wallis, deren großem, schweigendem Beistand er die Vollendung seines Hauptwerkes verdankt, und findet in ihr die gegenständlichen Entsprechungen für seine innere Verfassung. Auf die Ansprache seiner natürlichen Umgebung antwortet er etwa mit einer kleinen Vorfrühlingslandschaft, die ganz Innerlichkeit und ganz Welt ist, und die das gefühlte Zusammenspiel von Erde und Himmel mit einer zarten und zwingenden Magie vergegenwärtigt:

> Härte schwand. Auf einmal legt sich Schonung
> an der Wiesen aufgedecktes Grau.
> Kleine Wasser ändern die Betonung.
> Zärtlichkeiten, ungenau,
>
> greifen nach der Erde aus dem Raum.
> Wege gehen weit ins Land und zeigens.
> Unvermutet siehst du seines Steigens
> Ausdruck in dem leeren Baum.

Für Werner Reinhart schreibt er einen kleinen Gedichtkreis *Sieben Entwürfe aus dem Wallis oder Das kleine Weinjahr* (1923), in dem es heißt:

Rilkes Grabmal an der Kirche

> *Weinbergterrassen, wie Manuale:*
> *Sonnenanschlag den ganzen Tag.*
> *Dann von der gebenden Rebe zur Schale*
> *überklingender Übertrag.*
>
> *Schließlich Gehör in empfangenden Munden*
> *für den vollendeten Traubenton.*
> *Wovon ward die tragende Landschaft entbunden?*
> *Fühl ich die Tochter? Erkenn ich den Sohn?*

Der elegische Stachel scheint dem Dichter aus der Brust genommen zu sein. Die ungeheuer dringliche Frage der Fünften Elegie:

> *Wo, o wo ist der Ort...? —*

die Frage des haus- und ortlosen Menschen der Epoche nach sich selbst und seiner Position im Ganzen des gefühlten Kosmos, sie findet eine bescheidene, in sich gestillte Antwort: hier, in diesem Tal, *an der sonngewohnten Straße.* Das elegisch Passionierte hat sich in eine dunkel grundierte Heiterkeit verwandelt, die Klage um die *im*

Voraus verlorne, die unmögliche Geliebte (1913/14) in eine leise und geklärte, mit dem Wesen der Welt tief einverstandene Melancholie. So entsteht im Juni 1924 ein Gedicht, das durch und durch Juni ist, ganz Landschaft und ganz Seele, ganz frühsommerliche Heiterkeit und gefaßte Nachdenklichkeit des Herzens:

> *An der sonngewohnten Straße, in dem*
> *hohlen halben Baumstamm, der seit lange*
> *Trog ward, eine Oberfläche Wasser*
> *in sich leis erneuernd, still ich meinen*
> *Durst: des Wassers Heiterkeit und Herkunft*
> *in mich nehmend durch die Handgelenke.*
> *Trinken schiene mir zu viel, zu deutlich;*
> *aber diese wartende Gebärde*
> *holt mir helles Wasser ins Bewußtsein.*
>
> *Also, kämst du, braucht ich, mich zu stillen,*
> *nur ein leichtes Anruhn meiner Hände,*
> *sei's an deiner Schulter junge Rundung,*
> *sei es an den Andrang deiner Brüste.*

Vom Kirchhof in Raron aus: Blick aufs Rhônetal

Aber auch diese Phase des Rilkeschen Schaffens ist mit wenigen Sätzen nicht zu charakterisieren. Ihr Gehalt ist unerschöpflich. Neben den Gedichten des Spaziergängers, in denen die Stimmungen der Landschaft, der Weinberge, Gärten, Bergwiesen zur Sprache kommen, gibt es gewisse lyrische Meditationen, die womöglich alles Bisherige an Tiefsinn noch übertreffen, so das von Heidegger interpretierte Widmungsgedicht *Wie die Natur die Wesen überläßt* (14. Juni 1924) oder das ihm ebenbürtige *Da schwang die Schaukel durch den Schmerz* (1923/24): sie scheinen dem Geheimnis menschlichen Existierens förmlich in den Rücken gekommen zu sein. In wieder anderen Texten — *Idol, Ankunft, Gong* — hat man fast den Eindruck, als ob das übermäßig verfeinerte Deutsch dieses Dichters sich gleichsam in eine Sprache der Fische oder der Vögel verwandeln wolle, die für das menschliche Gehör nicht mehr oder noch nicht vernehmbar ist. Bekannt geworden ist vor allem eine Gruppe von Gedichten, die sozusagen im Mittelgrund des Gelingens stehen: in denen die zentralen Motive des Rilkeschen Weltverstehens noch einmal zur Geltung kommen und neue Beweise zur Genialität des menschlichen Herzens dargebracht werden. *Das Füllhorn* (geschrieben für Hugo von Hofmannsthal), *Der Magier, Tränenkrüglein, Da dich das geflügelte Entzücken, Vergänglichkeit, Götter schreiten vielleicht, Vollmacht* und andere, auch die beiden kleinen Gedichtkreise *Entwürfe aus zwei Winterabenden* (für Anton Kippenberg) und *Im Kirchhof zu Ragaz Niedergeschriebenes* (Juli 1924) müssen hier genannt werden. Was diese spätesten Schöpfungen des Rilkeschen Genius auszeichnet, ist eine Knappheit des Sagens, eine Festigkeit des Vers- und Strophenbaus und eine Kraft der Mäßigung und Vereinfachung, die man als eine neue künstlerische Selbstüberwindung, als einen letzten Sieg über gewisse Verstiegenheiten aus früheren Phasen, Exzesse der Virtuosität und Übertreibungen des chromatischen Stils nicht genug bewundern kann. Einen dem Goetheschen Maß, der Goetheschen Mitte sich nähernden Ton glaubt man zu vernehmen, wenn man z. B. das Gedicht *Nicht Geist, nicht Inbrunst wollen wir entbehren* (August 1926) liest:

> *Die Hand ist leicht, das Werkzeug ist gestählt —.*

Aber schon in dem dreistrophigen «Eros» vom Februar 1924 erscheint die Rilkesche Modernität mit klassischem Öl wie besänftigt:

> *Masken! Masken! Daß man Eros blende.*
> *Wer erträgt sein strahlendes Gesicht,*
> *wenn er wie die Sommersonnenwende*
> *frühlingliches Vorspiel unterbricht.*
>
> *Wie es unversehens im Geplauder*
> *anders wird und ernsthaft ... Etwas schrie ...*
> *Und er wirft den namenlosen Schauder*
> *wie ein Tempelinnres über sie.*

Oh verloren, plötzlich, oh verloren!
Göttliche umarmen schnell.
Leben wand sich, Schicksal ward geboren.
Und im Innern weint ein Quell.

In diesen Jahren, 1924 bis 1926, ist schließlich auch fast das gesamte Opus der in französischer Sprache geschriebenen Gedichte entstanden. Die Titel der einzelnen Sammlungen: *Vergers, Les Roses, Les Fenêtres, Quatrains Valaisans,* deuten ihren Charakter an. Es sind kleine, meist zwei- und dreistrophige Landschafts- und Stimmungsbilder, anmutige Blütengewinde zu Ehren der großen, unerschöpflich Anlaß gebenden natürlichen Szenerie, die den Dichter umgibt, und Huldigungen an den Genius der Schwestersprache, deren er sich zeitlebens so gerne und dankbar bedient hat. Keines von ihnen ist den deutschen Gegenstücken ganz ebenbürtig, aber keines ist auch ohne den sprachlichen *esprit de finesse,* den das durch Jahrzehnte geübte Schau- und Fühlvermögen sich erworben hat.

Nach seiner vergeblichen Kur in Ragaz im September 1925 ist Rilke, auf dem Umweg über Meilen wieder nach Muzot zurückgekehrt. Er fühlt sich nicht wohl — *ich bin ein abgebrochener Mensch —,* klagt über ständige körperliche Übelstände, hält sein Leiden für ernsthafter, als man es ärztlicherseits wahrhaben möchte. Muzot, so schreibt er an die Fürstin: *erscheint mir oft zu schwer und einsam in dieser für mich bangen Zeit, und doch, wie muß ich mir die Zuflucht loben; nächstens, sowie mein Arzt in Valmont zurück ist, muß ich ja ohnehin meine Abgeschiedenheit und Freiheit wieder mit dem Sanatorium vertauschen, das seit zwei Jahren eine Art dépendance von Muzot geworden ist* (11. Dezember 1925).

Mitte des Monats begibt er sich wieder in die Obhut Dr. Haemmerlis und bleibt bis Ende Mai 1926. Einen großen Teil des Sommers verbringt er wieder in Ragaz, wo er zum letzten Male mit der Fürstin zusammentrifft. Nach einigen glücklichen Tagen am Genfer See und dem schon erwähnten Wiedersehen mit Valéry geht er nach Sierre zurück, läßt sich aber auf Muzot nicht ein, sondern zieht für zwei Monate in ein Zimmer des Hotels «Bellevue». Am 30. November muß er sich wieder nach Valmont begeben, diesmal in schwerkrankem Zustande, als ein vom Tode Gezeichneter. Endlich erkennt man den Charakter seines Leidens: eine seltene Form von unheilbarer Leukämie.

Am 8. Dezember schreibt er an Nanny Wunderly: *Tag und Nacht, Tag und Nacht: ... die Hölle! man wird sie erfahren haben! ... Das Schwerste, das Langwierigste: abzudanken, «der Kranke» zu werden. Der kranke Hund ist noch immer ein Hund. Wir, sind wir von einem gewissen Grade unsinniger Schmerzen an noch wir?*

Am 15. Dezember benachrichtigt er Rudolf Kaßner: *ich bin auf eine elende und unendlich schmerzhafte Weise erkrankt, eine wenig bekannte Zellenveränderung im Blut wird zum Ausgangspunkt für die grausamsten, im ganzen Körper versprengten Vorgänge. Und*

*ich, der ich ihm nie recht ins Gesicht sehen mochte, lerne, mich mit
dem inkommensurablen anonymen Schmerz einrichten. Lerne es
schwer, unter hundert Auflehnungen, und so trüb erstaunt. Ich wollte, daß Sie von dieser meiner Lage, die nicht die vorübergehendste
sein wird, wissen.*

Von allen Menschen, die ihm befreundet waren, befand sich in
diesen Tagen nur ein einziger in seiner Nähe: Nanny Wunderly-
Volkart. Ihr gegenüber soll er, nach den Angaben von J. R. von Salis, dem Biographen seiner Schweizer Jahre, geäußert haben: «Ver-
helfen Sie mir zu *meinem* Tod!» Im übrigen soll das Wort «Hölle»
des öfteren, das Wort «Tod» so gut wie niemals gefallen sein: als
wolle er nicht anerkennen, daß dieses entsetzliche Erleiden identisch
sei mit dem, was er schon im *Stundenbuch* und dann bis zuletzt immer wieder als den *eigenen Tod* gefeiert hatte. Am 29. Dezember,
dreieinhalb Stunden nach Mitternacht, war das Ende gekommen,
ein sanftes Ende nach einem zwölfstündigen Schlummer: noch einmal hob sich, mit weit geöffneten Augen, der Kopf, hob sich und
sank in die Kissen zurück. Der Mann, der wie kein anderer vor ihm
und nach ihm den Begriff des «reinen Dichters» zu verkörpern
schien, war verschieden.

In seinem Testament, das er am 27. Oktober 1925 niedergeschrieben und den Händen Frau Wunderlys — *fidèles entre toutes* — an-
vertraut hatte, fanden sich präzise Angaben über den Ort, an dem
er bestattet sein wollte: ... *ich zöge es vor, auf dem hochgelegenen
Kirchhof neben der alten Kirche zu Rarogne zur Erde gebracht zu
sein. Seine Einfriedung gehört zu den ersten Plätzen, von denen aus
ich Wind und Licht dieser Landschaft empfangen habe.*

Am 2. Januar 1927 wurde Rainer Maria Rilke an eben dieser Stel-
le, hart diesseits der deutschen Sprachgrenze und knapp eine halbe
Autostunde rhoneaufwärts von Muzot entfernt, zu Grabe getragen.
Die Grabschrift, die er selbst für sich ersonnen hatte, lautet:

> *Rose, oh reiner Widerspruch. Lust,*
> *Niemandes Schlaf zu sein unter soviel*
> *Lidern.*

Zeit seines Lebens ist die Rose, dieses alte abendländische Symbol
der *unio mystica,* für Rilke ein Grund des Entzückens und der grü-
belnden Andacht gewesen. Hier nun wird sie zum Gleichnis des «reinen», das heißt versöhnten und als Weltgesetz in den eigenen Willen aufgenommenen Widerspruchs. Als *Niemandes Schlaf unter soviel Lidern,* als Fülle aus Nichts, wird sie zur symbolischen Blüte des
Weltsinns. Gleichzeitig ist sie hier die Chiffre für das Sein und Wesen des toten Dichters: *Lider* ist doppeldeutig und bezeichnet nicht
nur die Schutzhaut des menschlichen Auges, sondern auch die «Lieder», die der Genius des toten Sängers hinterlassen hat. Hinter ihnen, hinter der vollen, strahlenden, duftenden Blüte seines Werkes,
verschwindet er selbst, der Verfasser dieser einzigartigen Grabschrift, als ein Nichts, ein Schlaf, den niemand schläft.

ZEITTAFEL

1875	4. Dezember Rilke in Prag geboren.
1882—1884	Besuch der Piaristen-Schule in Prag.
1886—1890	Auf der Kadetten-Schule in St. Pölten.
1890—1891	Besuch der Militär-Oberrealschule Mährisch-Weißkirchen.
1891—1892	Besuch der Handelsakademie in Linz.
1892—1895	Vorbereitung auf das Maturum in Prag.
1894	Rilkes erste Buchveröffentlichung: *Leben und Lieder*.
1895	Beginn des Universitätsstudiums in Prag.
1896—1897	Zwei Semester in München.
1897	Übersiedlung nach Berlin.
1898	Frühjahrsreise nach Italien.
1899	Berlin — Prag. April bis Juni erste russische Reise.
1900	Mai bis August zweite russische Reise.
	Besuch Heinrich Vogelers in Worpswede. Rilke lernt Clara Westhoff kennen.
1901	Rilke heiratet Clara Westhoff und lebt in Westerwede bei Bremen.
	12. Dezember Ruth Rilke geboren.
1902	August. Übersiedlung nach Paris. Rodin-Studien.
1903	Aufenthalt in Italien.
1904	Juni bis Dezember. Reise nach Schweden auf Veranlassung Ellen Keys.
1905	Januar bis Mai in Worpswede.
	Juni bei Lou Andreas-Salomé in Göttingen.
	Reise über Berlin, Kassel, Marburg nach Paris. Im Oktober in Dresden und Prag. Weihnachten in Worpswede.
1906	Tod des Vaters.
	Aufenthalt in Frankreich und Belgien.
1906—1908	Wiederholte Reisen nach Capri. Vortragsreisen durch Deutschland und Österreich.
1909	In Frankreich.
1910	Anfang des Jahres bei seinem Verleger Kippenberg in Leipzig.
	April in Duino.
	August. Gast der Fürstin Marie von Thurn und Taxis auf Schloß Lautschin.
1911	Ägyptische Reise. Über Italien Rückkehr nach Frankreich. Reisen in Deutschland.
1912	Bis Anfang Mai auf Schloß Duino. Anschließend in Venedig.
1912—1913	Oktober bis Februar Reise durch Spanien.
1913	Aufenthalt in Paris, Göttingen, Leipzig, Weimar, Berlin, München, Dresden.
1914	Nach neuen Reisen ab August in München.
1915	November. Musterung in München.
1916	Militärdienst im Kriegsarchiv in Wien.
	Juni. Entlassung und Rückkehr nach München.

1919	11. Juni. Rilke reist in die Schweiz.
1920	Reise nach Venedig.
	November: Rilke auf Schloß Berg am Irchel.
1921	Werner Reinhart mietet Schloß Muzot und stellt es dem Dichter als Wohnsitz zur Verfügung.
1922	Rilke vollendet die *Duineser Elegien* und die *Sonette an Orpheus.*
1923	Dezember. Im Sanatorium Val-Mont.
1924	Wiederholung der Kur im Sanatorium Val-Mont.
1925	Januar bis August in Paris. Ab Oktober wieder in Muzot. Ab Dezember wieder in Val-Mont.
1926	Im Sommer Rückkehr nach Muzot.
	Ab 30. November in Val-Mont.
	29. Dezember. Tod Rilkes.
1927	2. Januar. Begräbnis in Raron im Wallis.

PAUL VALÉRY

Teurer Rilke! ... Ich sah in ihm, ich liebte in ihm den zartesten und geisterfülltesten Menschen dieser Welt, den Menschen, der am meisten heimgesucht war von all den wunderbaren Ängsten und allen Geheimnissen des Geistes.

Gedenken und Abschied. 1927

FELIX BRAUN

Rainer Maria Rilke ist der einzige Dichter gewesen, der nicht nur Dichter war, wenn er Verse schuf. Ihm waren die Engel nicht ein Schmuck oder Anruf des Gedichts; ihm blieben Geister nicht verhüllt; er hatte teil an zwei Reichen; und wenn dem oder jenem, der ihn einen Augenblick tiefer ansah, grundlos und töricht, Tränen kamen, so geschah das vielleicht nicht über ihn, der nur ein Bote war. Aber das, was hinter dem Dichter ist, das ungeheure Geistesland verrückte seine Grenze Jahr um Jahr mitten durch ihn weiter, und endlich zog es ihn ganz in sich hinein. Das, nur das steht in seinen Büchern, wie es in seinem Gesicht zu lesen war. Und wer es darin sah — wer es genau sah, den erschütterte das Geheimnis.

Aus einer Trauerrede. 1927

RUDOLF ALEXANDER SCHRÖDER

Wer Rilke im Leben begegnet ist, wird nicht ohne Rührung, nicht ohne das Gefühl eines freundlichen und freundschaftlichen Andenkens auch des Menschen und Kameraden gedenken. Zartes Eingehen auf die Eigentümlichkeiten des anderen, liebevolle Nachsicht zeichneten ihn aus, und eine Unverdorbenheit des Herzens, die ihm, dem städtisch Geborenen und mit städtischer, ja großstädtischer Lebensart Vertrauten, die Anmut eines fast kindlichen Zutrauens in das Wohlwollen und die Rechtlichkeit anderer verliehen. — Aber alles freundliche Entgegenkommen und Entgegennehmen hielt vor einer unerbittlich bestimmten Grenze inne. Die Selbstentäußerung, die jedes Verhältnis der Freundschaft oder der Liebe zwischen Lebenden erfordert, lag nicht in seinem Wesen und Wollen, solang er atmete, sein Inneres, ja, fast sein Körperliches unberührt und gleichsam außerhalb des Gesetzes der Verwandlung, der ständigen Beraubung und Erneuerung erhalten, nach dem Zeit und Raum mit uns allen schalten.

Rainer Maria Rilke. 1928

Hans Carossa

Rilke litt, wie alle, die nahe der Chaosgrenze wohnen, an einem Gefühl dauernden Bedrohtseins, war überaus reizbar und seiner Gesundheit nicht sicher; er mußte seine Kunst behandeln wie eine kostbare Geige, die durch schlechtes Wetter leicht verstimmt wird. Groß war auch zeitweise die Befürchtung in ihm, vom eigenen Mittelpunkt abgetrieben zu werden; dann blieb er stehen, um auf sein Gesetz zu horchen... Und nirgendwo, weder in der Dichtung noch in den Briefen dieses vielfach Geängstigten, oft seine Schwäche Eingestehenden, finden wir ein müdes, ein feiges, ein unfestes Wort; hinter der kleinsten Mitteilung steht einer, der sein Leben an seinen Dienst setzt und um dieses Dienstes willen sich die größte menschliche Freiheit vorbehält. Und dieser Dichter sollte nicht ein heldenhafter Mensch gewesen sein?

Führung und Geleit. 1933

Robert Musil

Rainer Maria Rilke war schlecht für diese Zeit geeignet. Dieser große Lyriker hat nichts getan, als daß er das deutsche Gedicht zum erstenmal vollkommen gemacht hat; er war kein Gipfel dieser Zeit, er war eine der Erhöhungen, auf welchen das Schicksal des Geistes über Zeiten wegschreitet... Er gehört zu den Jahrhundertzusammenhängen der deutschen Dichtung, nicht zu denen des Tages.

Rede zur Rilke-Feier in Berlin. 1927

Rudolf Kassner

Rilke lebte mit Entschiedenheit in den Bildern, die sich sein Herz von den Dingen machte. In diesem Sinne lebte er seine Dichtung ohne Bruch und lebte er auch sein Leben ohne einen solchen. Er ist, im Großen gesehen, die Vollendung jener wundervollen narzißhaften Lyrik, die mit Keats in England begonnen hat. In den Duineser Elegien taucht er aus dem Spiegel seiner Bilder auf und sieht sich um, klagend. Hier klingt das aus, was der junge englische Dichter in seinen Oden als erster angestimmt hat, klingt aus, auf eine supreme, einzige Art, klingt deutsch aus.

Rainer Maria Rilke. 1947

Gottfried Benn

Diese dürftige Gestalt und Born großer Lyrik, verschieden an Weißblütigkeit, gebettet zwischen die bronzenen Hügel des Rhonetals unter eine Erde, über die französische Laute wehn, schrieb den Vers, den meine Generation nie vergessen wird: «Wer spricht von Siegen — Überstehn ist alles!»

Ausdruckswelt. 1949

BIBLIOGRAPHIE

1. Bibliographien, Berichte

RITZER, WALTER: Rainer Maria Rilke Bibliographie. Wien 1951
MISES, RICHARD V.: Rilke in English. A tentative bibliography. Cambridge 1947
MASON, EUDO C.: Rilke's apotheosis. A survey of representative recent publications on the work and life of Rilke. Oxford 1938
MASON, EUDO C.: Stichproben. Versuch einer Morphologie der Rilke-Deutung. In: Orbis litterarum 8 (1950), S. 104—160

2. Werke

a) Originalausgaben

Wir nennen nur die Erstausgaben der selbständigen Veröffentlichungen Rilkes in chronologischer Ordnung unter Einschluß der Übertragungen des Dichters.

Leben und Lieder. Bilder und Tagebuchblätter. Straßburg u. Leipzig 1894
Wegwarten. H. 1—3. Prag (München, Dresden) 1896
Larenopfer. Prag 1896
Im Frühfrost. Ein Stück Dämmerung. Drei Vorgänge. Wien 1897
Traumgekrönt. Neue Gedichte. Leipzig 1897
Advent. Leipzig 1898
Ohne Gegenwart. Drama in 2 Akten. Berlin 1898
Am Leben hin. Novellen und Skizzen. Stuttgart 1898
Zwei Prager Geschichten. Stuttgart 1899
Mir zur Feier. Gedichte. Berlin 1899
Vom lieben Gott und Anderes. Berlin u. Leipzig 1900
Die Letzten. Berlin 1902
Das tägliche Leben. Drama in 2 Akten. München 1902
Das Buch der Bilder. Berlin 1902
Worpswede. Fritz Mackensen, Otto Modersohn, Fritz Overbeck, Hans am Ende, Heinrich Vogeler. Bielefeld und Leipzig 1903 (Künstler-Monographien. 64)
Auguste Rodin. Berlin 1903
Geschichten vom lieben Gott. Leipzig 1904
Das Stunden-Buch. Leipzig 1905
Die Weise von Liebe und Tod des Cornets Christoph Rilke. Berlin 1906
Neue Gedichte. Leipzig 1907
Der Neuen Gedichte anderer Teil. Leipzig 1908
Elizabeth Barrett-Brownings Sonette nach dem Portugiesischen. Übertragen. Leipzig 1908
Die frühen Gedichte. Leipzig 1909
Requiem. Leipzig 1909
Die Aufzeichnungen des Malte Laurids Brigge. Bdch. 1, 2. Leipzig 1910
Maurice de Guérin, Der Kentauer. Übertragen. Leipzig 1911
Die Liebe der Magdalena. Ein französischer Sermon, gezogen durch den Abbé Joseph Bonnet aus dem Ms. Q I 14 der Kaiserlichen Bibliothek zu St. Petersburg. Übertragen. Leipzig 1912
Erste Gedichte. Leipzig 1913
Das Marien-Leben. Leipzig 1913 (Insel-Bücherei. 43)
Portugiesische Briefe. Die Briefe der Marianna Alcoforado. Übertragen. Leipzig 1913

André Gide, Die Rückkehr des verlorenen Sohnes. Übertragen. Leipzig 1914
Die vierundzwanzig Sonette der Louize Labé Lyoneserin. Übertragen.
  Leipzig 1918 (Insel-Bücherei. 222)
Die weiße Fürstin. Eine Szene am Meer. Berlin-Steglitz 1920
Mitsou. Quarante images par Baltusz. Préface de Rainer Maria Rilke. Er-
  lenbach-Zürich 1921
Lotte Pritzel. Puppen. München 1921
Die Sonette an Orpheus. Leipzig 1923
Duineser Elegien. Leipzig 1923
Paul Valéry, Gedichte. Übertragen. Leipzig 1925
Vergers suivi des Quatrains Valaisans. Paris 1926
Paul Valéry, Eupalinos oder über die Architektur. Eingel. durch Die Seele
  und der Tanz. Übertragen. Leipzig 1927
Les Fenêtres. Dix poèmes. Paris 1927
Les Roses. Bussum 1927

b) Sammelausgaben

Gesammelte Werke. Bd. 1 — 6. Leipzig 1927
Ausgewählte Werke. Hg. vom Rilke-Archiv in Weimar. Besorgt durch
  RUTH SIEBER-RILKE, CARL SIEBER und ERNST ZINN. Bd. 1. 2. Leipzig 1938
  — 57. — 61. Tsd. 1951
Sämtliche Werke. Hg. vom Rilke-Archiv. In Verb. mit RUTH SIEBER-RILKE
  besorgt durch ERNST ZINN. Bd. 1 ff. Wiesbaden 1955 ff.
Gesammelte Gedichte. Bd. 1 — 4. Leipzig 1930 — 1934
Gedichte 1906 — 1926. Hg. vom Rilke-Archiv . . . durch ERNST ZINN Wies-
  baden 1953
Gedichte in französischer Sprache. (Die Hg. besorgte THANKMAR Frhr. von
  MÜNCHHAUSEN.) Wiesbaden 1949
Aus der Frühzeit Rainer Maria Rilkes. Vers, Prosa, Drama 1894 — 1899.
  (Bibl. und Nachw. von FRITZ ADOLF HÜNICH.) Leipzig (Bibliophilenabend)
  1921
Erzählungen und Skizzen aus der Frühzeit. Leipzig 1928
Bücher, Theater, Kunst. Hg. von RICHARD V. MISES. Wien 1934

3. Lebenszeugnisse

a) Briefe und Tagebücher

Gesammelte Briefe. Hg. von RUTH SIEBER-RILKE und CARL SIEBER. Bd. 1 — 6.
  Leipzig 1936 — 1939
  1. Briefe aus den Jahren 1892 — 1904. — 2. Briefe aus den Jahren 1904
  bis 1907. — 3. Briefe aus den Jahren 1907 — 1914. — 4. Briefe aus den
  Jahren 1914 — 1921. — 5. Briefe aus Muzot 1921 — 1926. — 6. Briefe an
  seinen Verleger 1906 — 1926.
Briefe. (Hg. vom Rilke-Archiv in Weimar, in Verb. mit RUTH SIEBER-RILKE
  besorgt durch KARL ALTHEIM.) Bd. 1. 2. (Wiesbaden) 1950
Rainer Maria Rilke im Jahre 1896. (Hg. von RICHARD V. MISES.) Bd. 1 — 3.
  New York 1944 — 1946
  1. Ewald Tragy — 2. Briefe an Baronesse (Láska) van Oe(stéren). — 3.
  Briefe, Verse und Prosa aus dem Jahre 1896
Tagebücher aus der Frühzeit. Hg. von RUTH SIEBER-RILKE und CARL SIEBER.
  Leipzig 1942
Aus Rainer Maria Rilkes Nachlaß. Folge 1 — 4. Wiesbaden 1950
  1. Aus dem Nachlaß des Grafen C. W. Ein Gedicht-Kreis. — 2. Brief-

wechsel in Gedichten mit Erika Mitterer. 1924—1926. — 3. Aus Taschen-Büchern und Merk-Blättern — in zufälliger Folge — 1925. — 4. Die Briefe an Gräfin Sizzo 1921—1926

Lettres milanaises 1921—1926. Introduction et textes de liaison par Renée Lang. Paris 1956

Rainer Maria Rilke und Lou Andreas-Salomé. Briefwechsel. Hg. von Erich Pfeiffer. Zürich; Wiesbaden 1952

La dernière amitié de Rainer Maria Rilke. Lettres inédites de Rilke à Mme Nimet Eloui Bey. Avec une étude par Edmond Jaloux. Paris 1949

Briefe an das Ehepaar S. Fischer. (Hg. von Hedwig Fischer.) Zürich 1947

Rainer Maria Rilke — André Gide. Correspondance 1909—1926. Introduction et commentaires par Renée Lang. Paris 1952 — Dt. Briefwechsel 1909—1926. Übers. von Wolfgang A. Peters. Stuttgart 1957

Rainer Maria Rilke — André Gide — Emile Verhaeren. Correspondance inédite. Recueillie et présentée par C. Bronne. Paris 1955

Rainer Maria Rilke und Benvenuta [d. i. Magda von Graedener-Hattingberg]. Vorw. und Anm. von Kurt Leonhard. Eßlingen 1954

Briefe an eine junge Frau [Lisa Heise]. (Nachw. von Carl Sieber.) Leipzig 1930 (Insel-Bücherei. 409)

Briefe (an R. R. Junghanns und Rudolf Zimmermann.) 1919—1925. Olten 1945

Briefe an einen jungen Dichter (Franz Xaver Kappus). Leipzig 1929 (Insel-Bücherei 406)

Briefe an seinen Verleger (Anton Kippenberg). 1906—1926. Neue erw. Ausg. Bd. 1. 2. (Wiesbaden) 1949

Rainer Maria Rilke und Katharina Kippenberg. Briefwechsel. Hg. von B. von Bomhard. Wiesbaden 1954

Rainer Maria Rilke et Merline [d. i. Baladine Klossowska]. Correspondance 1920—1926. Red. Dieter Bassermann. Zürich 1954

Die Briefe an Frau Gudi Nölke. Hg. von P. Obermüller. Wiesbaden 1953

Briefe an Auguste Rodin. Leipzig 1928

Briefe an eine Reisegefährtin. [Lotte Tronier-Funder]. Eine Begegnung mit Rainer Maria Rilke. Wien 1947

Rainer Maria Rilke und Marie v. Thurn und Taxis. Briefwechsel. (Besorgt durch Ernst Zinn.) Bd. 1. 2. Zürich; Wiesbaden 1951

b) Bildbände

Schnack, Ingeborg: Rilkes Leben und Werk im Bild. Mit einem biographischen Essay von J. R. von Salis. Wiesbaden 1956

c) Erinnerungen

Rainer Maria Rilke. Stimmen der Freunde. Ein Gedächtnisbuch. Hg. von Gert Buchheit. Freiburg i. B. 1931

Thurn und Taxis — Hohenlohe, Marie v.: Erinnerungen an Rainer Maria Rilke. München 1932 — 3. Aufl. 1937

Betz, Maurice: Rilke vivant. Souvenirs, lettres, entretiens. Paris 1937 — Rilke in Frankreich. Erinnerungen, Briefe, Dokumente. Wien 1937

Albert-Lasard, Lou: Wege mit Rilke. Frankfurt a. M. 1952

4. Gesamtdarstellungen und Gesamtdeutungen

Andreas-Salomé, Lou: Rainer Maria Rilke. Leipzig 1928

Dehn, Fritz: Rainer Maria Rilke und sein Werk. Eine Deutung. Leipzig 1934

KIPPENBERG, KATHARINA: Rainer Maria Rilke. Ein Beitrag. Leipzig 1935 — 4. Aufl. 1948

BUTLER, ELIZA MARIAN: Rainer Maria Rilke. Cambridge 1941 — Repr. 1946

KUNISCH, HERMANN: Rainer Maria Rilke. Dasein und Dichtung. Berlin 1944

HEERIKHUIZEN, F. W. VAN: Rainer Maria Rilke. Leven en werk. Bussum 1946

KLATT, FRITZ: Rainer Maria Rilke. Wien 1948 — 2. Aufl. 1949

KOHLSCHMIDT, WERNER: Rainer Maria Rilke. Lübeck 1948 (Wildners Kurzbiographien. 3)

WYDENBRUCK, NORA: Rilke. Man and poet. London 1949

HAMBURGER, KÄTE: Rainer Maria Rilke. Stockholm 1950

BOLLNOW, OTTO FRIEDRICH: Rilke. Stuttgart 1951 — 2. Aufl. 1956

ANGELLOZ, JOSEPH FRANÇOIS: Rilke. Paris 1952 — Dt. Zürich 1955

SIMENAUER, ERICH: Rainer Maria Rilke. Legende und Mythos. Bern; Frankfurt 1953

BUDDEBERG, ELSE: Rainer Maria Rilke. Eine innere Biographie. Stuttgart 1955

5. Biographische Untersuchungen

BAUER, MARGA: Rainer Maria Rilke und Frankreich. Bern 1931 (Sprache und Dichtung. 49)

SIEBER, CARL: René Rilke. Die Jugend Rainer Maria Rilkes. Leipzig 1932

BRUTZER, SOPHIE: Rilkes russische Reisen. Königsberg 1934

SALIS, JEAN RUDOLF V.: Rainer Maria Rilkes Schweizer Jahre. Frauenfeld 1936 (Die Schweiz im deutschen Geistesleben. 23) — 3. Aufl. 1952

GEBSER, JEAN: Rilke und Spanien. Zürich 1940 — 2. Aufl. 1946

WOCKE, HELMUT: Rilke und Italien. Mit Benutzung ungedruckter Quellen dargest. Gießen 1940 (Gießener Beiträge zur deutschen Philologie. 73)

ZERMATTEN, MAURICE: Les années valaisannes de Rilke avec des lettres inédites à ses amis valaisannes. Lausanne 1941

EMDE, URSULA: Rilke und Rodin. Kiel 1947

REHM, WALTER: Rilke und die Duse. In: Symposion 1 (1948), S. 337 — 406

WOHLTMANN, HANS: Rainer Maria Rilke in Worpswede. Hamburg 1949

DEMETZ, PETER: René Rilkes Prager Jahre. Düsseldorf 1953

PETZET, H. W.: Das Bildnis des Dichters. Paula Becker-Modersohn und Rainer Maria Rilke. Frankfurt 1957

6. Einige Studien zum Werk

GOERTZ, HARTMANN: Frankreich und das Erlebnis der Form im Werke Rainer Maria Rilkes. Stuttgart 1932

POBÉ, MARCEL: Rainer Maria Rilke. Wandel in seiner Geisteshaltung. Berlin 1933 (Freiburger Forschungen zur Kunst- und Literaturgeschichte. 1)

KAUFMANN, FRITZ: Sprache als Schöpfung. Zur absoluten Kunst im Hinblick auf Rilke. In: Zeitschrift für Ästhetik 28 (1934), S. 1 — 54

TRAPP, ARNOLD: Rainer Maria Rilkes Duineser Elegien. Gießen 1936 (Gießener Beiträge zur deutschen Philologie. 44)

CÄMMERER, HEINRICH: Rainer Maria Rilkes Duineser Elegien. Stuttgart 1937

HOLTHUSEN, HANS EGON: Rilkes Sonette an Orpheus. Versuch einer Interpretation. München 1937

MÖVIUS, RUTH: Rainer Maria Rilkes Stundenbuch. Leipzig 1937

KRÄMER, RUDOLF: Rilke und Bachofen. Diss. Frankfurt 1939

MASON, EUDO C.: Lebenshaltung und Symbolik bei Rainer Maria Rilke. Weimar 1939 (Literatur und Leben. 3)

KLATT, FRITZ: Sieg über die Angst. Die Weltangst des modernen Menschen und ihre Überwindung durch Rainer Maria Rilke. Berlin 1940

Guardini, Romano: Zu Rainer Maria Rilkes Deutung des Daseins. Eine
Interpretation der 2., 8. und 9. Duineser Elegie. Berlin 1941 (Schriften
für die geistige Überlieferung. 4) — 3. Aufl. Stuttgart 1948

Günther, Werner: Weltinnenraum. Die Dichtung Rainer Maria Rilkes.
Bern 1943 — 2. Aufl. 1952

Kippenberg, Katharina: Rainer Maria Rilkes Duineser Elegien und Sonette an Orpheus. Wiesbaden 1946 — 2. Aufl. 1948

Kunisch, Hermann: Rainer Maria Rilke und die Dinge. Köln 1946

Bassermann, Dieter: Der späte Rilke. München 1947 — 2. Aufl. 1948

Buddeberg, Else: Die Duineser Elegien Rainer Maria Rilkes. Karlsruhe 1948

Schwerte, Hans: Studien zum Zeitbegriff bei Rainer Maria Rilke. Diss.
Erlangen 1948

Zinn, Ernst: Rainer Maria Rilke und die Antike. In: Antike und Abend-
land. Bd. 3. Hamburg 1948. S. 201—250

Brecht, Franz Josef: Schicksal und Auftrag des Menschen. Philosophische
Interpretationen zu Rainer Maria Rilkes Duineser Elegien. Basel 1949

Geering, Agnes: Rainer Maria Rilkes Sonette an Orpheus. Versuch einer
Einführung. Frankfurt a. M. 1949

Holthusen, Hans Egon: Der späte Rilke. Zürich 1949

Kreutz, Heinrich: Rilkes Duineser Elegien. München 1950

Rehm, Walter: Orpheus. Der Dichter und die Toten. Selbstdeutung und
Totenkult bei Novalis, Hölderlin, Rilke. Düsseldorf 1950

Belmore, H. W.: Rilke's craftmanship. An analysis of his poetic style. Oxford 1954

Sugar, Ch. L. D.: Baudelaire et Rainer Maria Rilke. Paris 1954

QUELLENNACHWEIS DER ABBILDUNGEN

(Die Ziffern bezeichnen die Buchseiten)

Insel-Verlag 9, 17, 25, 35, 43, 45, 54, 58, 83 (oben), 83 (unten), 85, 88,
94, 96, 104, 105, 106, 127, 151, 156
Rilke-Archiv/Frau Ruth Fritzsche-Rilke: 8, 30, 158
Worpsweder Archiv: 11, 48, 49, 52, 55, 58, 64, 84, 134, 140, 145, 148, 155
Bildarchiv der Österreichischen Nationalbibliothek: 24, 26, 29, 31, 109, 123
Historisches Bildarchiv: 41, 71, 77, 117, 118, 124, 139, 146
Ullstein: 80, 113, 115, 133, 157
Historia-Photo: 114
Süddeutscher Verlag: 13, 40, 76/77
Bildarchiv Foto Marburg: 69, 73
F. Bruckmann, München: 72
Rowohlt-Archiv: 90, 147
Christian Staub: 143, 144, 159, 160
Anderson: 87
Marcel Louchet: 99
Photo Boudot-Lamotte: 96
Buchdruckerei Akeret, Andelfingen: 137
Bild auf der Vorderseite des Umschlags (Rilke im Jahr 1906):
    Rilke-Archiv/Frau Ruth Fritzsche-Rilke
Frontispiz (Rilke in Rippoldsau, 1913): Ullstein

Die uns vom Insel-Verlag freundlichst zur Verfügung gestellten Bilder
entstammen dem Band «Rilkes Leben und Werk im Bild», bearbeitet von
Ingeborg Schnack, mit einem biographischen Essay von J. R. von Salis.

Ein Zitat aus der Festschrift
zum 150jährigen Bestehen
des Hauses MOUSON.

„Der Rose süßer Duft genügt.

Man braucht sie nicht zu brechen.

Und wer sich mit dem Duft begnügt,

den wird ihr Dorn nicht stechen!"

FRIEDRICH VON BODENSTEDT

Auch heute noch ist echtes bulgarisches Rosenöl ein unentbehr-
licher Bestandteil für die exquisiten Duftkompositionen, mit
denen MOUSON den Dichterworten sichtbaren Ausdruck verleiht.

MOUSON

DAS HAUS
DER POSTKUTSCHE

Die Werke von Rainer Maria Rilke

In der Insel-Bücherei, je DM 2,30

DIE WEISE VON LIEBE UND TOD
DES CORNETS CHRISTOPH RILKE

AUSGEWÄHLTE GEDICHTE
Erster und zweiter Teil

DIE SONETTE AN ORPHEUS

BRIEFE AN EINEN JUNGEN DICHTER

BRIEFE AN EINE JUNGE FRAU

DAS MARIEN-LEBEN

DIE VIERUNDZWANZIG SONETTE DER LOUÏZE LABÉ
Übertragung aus dem Französischen

PORTUGIESISCHE BRIEFE
(Die Briefe der Marianna Alcoforado)

DIE DICHTUNGEN DES MICHELANGELO
Übertragung aus dem Italienischen

———————

RILKES LEBEN UND WERK IM BILD
Bearbeitet von Ingeborg Schnack

Mit einem biographischen Essay von Jean R. von Salis
359 Abbildungen und 64 Seiten Text. In Leinen DM 30,–

Photographien und Faksimiles von Handschriften chrono-
logisch geordnet, mit Zwischentexten verbunden und mit
Zitaten aus Briefen und Werken belegt.

»Die Komposition des Bildbandes ist deswegen so muster-
haft, weil der biographische Rahmen gesprengt und ein
Stück europäische Geistesgeschichte vorgeführt wird.«
Hannoversche Allgemeine Zeitung

Insel-Verlag Zweigstelle Wiesbaden

rowohlts monographien

GROSSE PERSÖNLICHKEITEN IN SELBSTZEUGNISSEN UND
BILDDOKUMENTEN · HERAUSGEGEBEN VON KURT KUSENBERG

*Taschenbücher · Halbleinen flexibel mit 60 und mehr Abbildungen
Jeder Band DM 2.20*

ES LIEGEN VOR:

1 HEINRICH VON KLEIST · Dargestellt von Curt Hohoff
2 WILLIAM SHAKESPEARE · Dargestellt von Jean Paris
3 KNUT HAMSUN · Dargestellt von Martin Beheim-Schwarzbach
4 ANTOINE DE SAINT-EXUPÉRY · Dargestellt von Luc Estang
5 HANS CHRISTIAN ANDERSEN · Dargestellt von Erling Nielsen
6 ROBERT SCHUMANN · Dargestellt von André Boucourechliev
7 CHARLES BAUDELAIRE · Dargestellt von Pascal Pia
8 AUGUSTINUS · Dargestellt von Henri Marrou
9 MAXIM GORKI · Dargestellt von Nina Gourfinkel
10 GEORGES BERNANOS · Dargestellt von Albert Béguin
11 COLETTE · Dargestellt von Germaine Beaumont und André Parinaud
12 BUDDHA · Dargestellt von Maurice Percheron
13 MAURICE RAVEL · Dargestellt von Vladimir Jankélévitch
14 FRIEDRICH SCHILLER · Dargestellt von Friedrich Burschell
15 MARCEL PROUST · Dargestellt von Claude Mauriac
16 FRANZ VON ASSISI · Dargestellt von Ivan Gobry
17 NICCOLO MACHIAVELLI · Dargestellt von Edmond Barincou
18 GEORG BÜCHNER · Dargestellt von Ernst Johann
19 FRANZ SCHUBERT · Dargestellt von Marcel Schneider
20 GUSTAVE FLAUBERT · Dargestellt von Jean de La Varende
21 MICHEL DE MONTAIGNE · Dargestellt von Francis Jeanson
22 RAINER MARIA RILKE · Dargestellt von Hans Egon Holthusen

*Zu beziehen nur durch Ihre Buchhandlung · Einen ausführlichen Prospekt
verlangen Sie bitte direkt vom*

ROWOHLT TASCHENBUCH VERLAG HAMBURG 13